Heinrich Bohrmann-Riegen

Lady Esther

Charakterbild in fünf Aufzügen

Heinrich Bohrmann-Riegen

Lady Esther
Charakterbild in fünf Aufzügen

ISBN/EAN: 9783742891297

Hergestellt in Europa, USA, Kanada, Australien, Japan

Cover: Foto ©Thomas Meinert / pixelio.de

Manufactured and distributed by brebook publishing software (www.brebook.com)

Heinrich Bohrmann-Riegen

Lady Esther

(Zum ersten Mal aufgeführt in Breslau. Direktion:

(Bühnen-Manuscript.)

Die Verfügung über das Aufführungsrecht ist der Agentur der Genossenschaft dramat. Autoren und Componisten zu Leipzig übertragen. Das Re=roductions= und Uebersetzungsrecht ist vorbehalten.

H. Bohrmann.

Leipzig,
Druck von Oswald Mutze.

Lady Esther.

Personen.

Lord Henry, Graf von Monford,
      (ältere, stattliche Erscheinung).
Lady Esther, seine Gemahlin.
Lord Sternhill.
Lady Julia Sternhill.
Arthur Lindsay, Marine-Offizier.
Sir John Harrison, Pächter u. Gutsbesitzer,
      (behagliche, weiche Natur).
Lucia, seine Tochter.
Jonathan, ⎫
Simon,   ⎬ Diener bei Monford.

    Zeit: Die Gegenwart.

Erster Aufzug.

London. Empfangszimmer bei Graf Monford. Thüre im Hintergrund und zu beiden Seiten. Rechts ein Tisch, links Sopha ꝛc. Reiche Ausstattung.

1. Auftritt.

Harrison. Dann **Lord Henry.**

Harrison (beim Aufgehen des Vorhanges allein im Hintergrunde. Blickt dann rechts und tritt vor). Der Lord läßt mich warten! Recht so, Freund Harrison, warum hast Du Dich melden lassen! — Das Geld war bezahlt, Du könntest wieder auf dem Rückwege nach Monford sein! Ja, Ja, das Haus ist nicht mehr dasselbe (tritt zurück). Ah, Mylord —

Lord (kommt von rechts, einen Brief lesend). — Euer Herrlichkeit ergebenster Neffe Arthur Lindsay, Marineoffizier. Er hat's erreicht, — er ist Offizier. (legt den Brief auf den Tisch, Harrison räuspert sich). — Sir John? Sie in London? Und ich wußte nicht —

Harrison. Jonathan hat wohl vergessen —

Lord. Er sagte mir nur — Sie müssen ihn entschuldigen, lieber Freund. Ein Geschäft, das ihn gänzlich in Anspruch nimmt! Sie kommen von Monford?

Harrison. Der Pachttermin —

Lord. Ah, man kennt die Pünktlichkeit Sir John Harrison's. Doch das Neueste — meiner Schwester Sohn, Arthur, Ihr Pflegling, ist zurück aus Indien.

Harrison. Seit zwei Tagen.

Lord. Und übermorgen will er nach London kommen.

Harrison (verbeugt sich). Er beauftragte mich indeß —

Lord. Ich danke Ihnen, Sir John, ich danke Ihnen. — Aber nehmen Sie doch Platz, und erzählen Sie. Wie sieht er aus? Er ist wohl glücklich in seiner Würde als Offizier, die so lange seines Herzens Sehnsucht war.

Harrison. Ja, er hat's durchgesetzt. Wenn Eure Herrlichkeit erlauben (setzt sich). Gehen mag ich wohl, aber das Stehen ist nicht meine Sache. Das lernt man nur in London.

Lord. Deshalb besuchen Sie es so selten.

Harrison. Und öfter noch als ich möchte. Wegen Arthur — freilich, prächtig sieht er aus, 's ist Schade um den Jungen, es hätte was aus ihm werden können. Aber das steckt im Blute, er hat's von seinem Vater, das Herumliegen und Schnurrbartdrehen! Denn meine Hoffnung war, da seine sterbende Mutter mir seine Erziehung anvertraute, ihn zum tüchtigen Landwirth heranzubilden, und ihm einst mein Kind — Was wollen Sie, ich konnte nichts thun — er ging davon und that, wie er wollte! — Mag's ihm denn gedeihen! (will aufstehen).

Lord (hindert ihn). Sie wollen wieder fort? Lady Esther kehrt sogleich zurück. Sie dürfen ihr die Freude nicht nehmen, Sie in London zu begrüßen.

Harrison. Die Lady befindet sich wohl?

Lord. Ganz wohl. Aber da fällt mir ein — Schloß Monford ist fertig. Schon gestern empfing ich die Nachricht von der Vollendung des Umbaues, an dem auch Sie durch thätigen Rath und Hülfe —

Harrison. Des Nachbars schuldige Pflicht, Mylord —

Lord. Die unsern Dank nicht verringern soll. Monford ist der Lieblingsaufenthalt Esther's, ein baldiger Besuch soll ihre trübe Laune mir verscheuchen helfen. Auch hoffe ich diesen Herbst unsre so lange beabsichtigte Reise nach Italien aufnehmen zu können. (Geht nach der Thüre links).

2. Auftritt.

Vorige. Jonathan (von links).

Lord (lebhaft zu diesem). Nun, Jonathan, wie steht's?

Jonathan. Fertig, Mylord. Alles in Ordnung. Wie Eure Herrlichkeit befohlen, ist auch das Bild schon mit frischen Blumen und einem schönen, grünen Kranze geschmückt.

Lord. Bravo — so gelang uns die Ueberraschung vor der Rückkehr meiner Frau. Nun sieh' nur zu, daß keine Unvorsichtigkeit —

Jonathan. Ohne Sorge, Mylord! Die Träger sind schon aus dem Hause, und das Zimmer ist geschlossen. Ach — und wie das Bild der seligen Herrschaft ähnlich sieht! Man meint jeden Augenblick, sie wolle aus dem Rahmen treten, um Befehle zu geben. Ich wagte kaum, vor ihren Augen die Thüre zu schließen.

Lord. Gut, Jonathan. Und vergiß nicht, der Lady bei ihrer Rückkunft mitzutheilen, daß sie mich hier finde.

Jonathan. Sehr wohl, Mylord. (Ab.)

3. Auftritt.

Lord. Harrison.

Harrison. Ein Porträt der Mutter Esther's?

Lord. Ja, eine Ueberraschung für meine Frau. Ich ließ dasselbe nach einer Miniatür von dem berühmtesten Maler Londons anfertigen. Die Züge der Verstorbenen sind mit lebenswahrer Treue wiedergegeben.

Harrison. Sie war eine edle Dame, streng und gerecht —

Lord. Der Himmel segne ihr Andenken! Ihr verdanke ich mein Glück, ihr den Besitz meiner geliebten Esther!

Harrison. Lady Arabella hielt auf Sie! Es war ein guter Gedanke, gerade Ihnen als nächstem Verwandten und würdigstem Vertreter des Hauses mit Esther's Hand dessen fürstliche Rechte zu übertragen. O, wir waren Alle froh, da Sie erschienen, um in das wilde, phantastische Treiben Ordnung und Wohlanständigkeit zu bringen. Schienen doch die Zeiten wieder gekehrt, da ein Ritter um die Gunst seiner Dame sich in die waghalsigsten Unternehmungen und in todtbringende Abenteuer stürzte — bis endlich Einer — und nicht der Schlechteste, die Tollheit mit dem Leben bezahlen mußte! —

Lord. Sie meinen Lord Mortimer —

Harrison. Ich werde der Geschichte denken, so lange ich lebe. — Es war am Tage der großen Jagd; ich war des Abends hinausgegangen, dem Jagdzug entgegen. — Plötzlich entlud sich ein Wetter, mit ihm ein furchtbarer Wolkenbruch, und im Nu waren Weg und Steg überschwemmt. — Besorgt will ich zurückkehren, da schlägt ein Hülferuf an mein Ohr — ich dringe mühsam vor und erblicke die junge Miß, krampfhaft an einem Weidenzweige festgehalten, in verzweifeltem Kampfe mit der hochwogenden Fluth! — Aber sie brachte keinen Laut mehr über die Lippen und während ich mich bemühe, sie zur Entfernung zu bewegen, naht sich uns die übrige Gesellschaft. Da endlich entringt sich ihr der Schrei: „Nicht mich, ihn rettet — ihn!" — und ohnmächtig sinkt sie in meine Arme! —

Lord. Der arme, junge Mann. Er war stets der fröhlichste der Gesellschaft.

Harrison. Er hatte abgerathen — Esther aber sprang tollkühn sammt dem Pferde in die Fluth. Er wollte nicht zurückbleiben — wir fanden erst am nächsten Morgen seine Leiche.

Lord. Und dieser Vorfall wurde der Anfang meines Glücks! Es ward stiller in Monford — ich konnte mich Esther nähern — nach einigen Monaten feierten wir unsere Verlobung. — Oft noch klagte Esther sich jenes Unglücks an, auch wurde ihr Wesen seit jenem Tage ernster, die Aeußerungen ihres Temperaments gereizter und leidenschaftlicher. Und jetzt — o, mein Freund, ich könnte oft verzagen, wäre nicht die Hoffnung, mir das Herz Esther's durch treue Liebe und Hingebung dennoch zu gewinnen!

Harrison (steht auf). Das wolle Gott, Mylord! Wer einmal erfahren, welch' Unheil in die Welt vom Weibe gekommen und noch täglich kommt —

Lord. Unheil — wohl! Doch auch das höchste Glück der Erde wird uns das Weib! — Weil Sie nicht glücklich waren? Und hängt nicht Ihr Herz an Lucia, Ihrer Tochter? Wäre nur meine Seele noch frei von einer Furcht —

Harrison. Furcht, Mylord?

Lord. Furcht, Ahnung, wie Sie es nennen! Hören Sie mich an. Vielleicht, daß Ihr verständiger Rath mich auch hierin das Richtige finden lehrt.

Harrison. Mylord —

Lord. Es war kurze Zeit nach meiner Ankunft in Monford. Ein junger Mann — der Name ist ja gleich= gültig — es genügt, daß er arm war und — dieser junge Mann schrieb an Esther, und gestand ihr in glühenden Ausdrücken seine Liebe. Die Mutter Esther's, in deren Hände der Brief kam, erbat meinen Rath. — Aus — Entrüstung, vielleicht auch aus Eifersucht, rieth ich zur Vernichtung desselben. — Sie werden Nichts darin sehen, lieber Freund, dennoch quält mich der Vorwurf dieser Willkür. Mich davon zu befreien, will ich Esther heute, sobald sie durch den Anblick jenes Bildes milde gestimmt ist, die Sache gestehen.

Harrison. Der Lady?

Lord. Ja.

Harrison. Welch' ein Gedanke, Mylord — so was gesteht man nicht! Sie thaten nur Ihre Pflicht. J das möchte ich erleben, versuchte so ein Hungerleider hinter meinem Rücken meiner Tochter den Kopf zu ver= drehen!

Lord (hat hinaus gehorcht). — Ein Wagen fährt in's Thor — es ist Esther. — Sie haben Recht, Sir John. Dennoch, nun, wir werden ja sehen.

Harrison (vorn). Der gute Lord. Er fürchtet sich vor seiner Frau! Ja, stolze Weiber, stolze Weiber! Wenn da nicht ein Wunder geschieht, braucht man kein Prophet zu sein, um schlimme Stunden voraus zu sagen. (Tritt zurück).

4. Auftritt.

Harrison. Lord. Lady Esther. Sternhill.

Esther (zu Jonathan, der die Thür geöffnet). Die Pferde waren schlecht geführt — und zu langsam, wie immer. Sag' es dem Kutscher. — (Vorkommend.) Der Mensch thut stets nur nach seinem Willen!

Lord. Jaques?

Esther. Jaques, jawohl. Du hättest ihn längst entlassen sollen.

Lord. Wenn Du es willst — sogleich —

Esther. Sogleich! — Nein. Für heute ist's gut. Das nächstemal.

Lord (lächelnd). Nach Deinem Wunsch. Nur rege Dich nicht auf, und sei mir willkommen, liebe Esther!

Esther. Ich danke Dir! (Sinkt in das Sopha). Ach, daß ich wieder hier bin! —

Lord. Du bliebst länger aus, als ich dachte —

Esther. Und länger, als mir lieb war.

Sternhill (der eingetreten). Meine Schuld, Mylord, meine Schuld! Lady Julia, meine Frau, läßt Sie grüßen.

Esther (nachlässig). Ja, sie hat es auch mir aufgetragen.

Lord. Ich danke, Mylord, und auch Dir. (Zu Sternhill.) Erlauben Sie — unser Nachbar, Sir John Harrison —

Sternhill. Bekannt, schon bekannt, von Schloß Monford —

Esther (rasch aufstehend). Sir John? Was seh' ich? Sie sind hier?

Harrison. Mylady — Ihr ergebener Diener.

Esther (mit Harrison vor, warm). Willkommen, herzlich willkommen! Ei, das freut mich! — Seit meiner Mutter Tode machen Sie sich so selten! — Warum? Auch hörte ich, daß Sie Lucia schon aus der Pension genommen?

Harrison. Ja, sie ist nun bei mir. Soll mir meine alten Tage erheitern.

Esther. Das war klug, lieber Freund, sehr klug. Doch warum bringen Sie sie nicht nach London, nicht zu uns?

Harrison. Ich dachte nicht, daß Mylady —

Esther. O doch, doch! Wie nach der Blume des Feldes, sehne ich mich nach ihrem lieblichen Anblick. Sie war ein so reizendes Kind, ist es gewiß noch — (näher, erregt), doch ich, o mein Freund, ich bin nicht mehr, die ich war! — Statt zu leben wie einst, und mich des Lebens zu freuen, muß ich hier langsam und in schaaler Einförmigkeit meine Tage verbringen, und in der Sehnsucht verschmachten nach einer Zeit, die für mich vorüber ist!

Harrison (verlegen). Ich bin erstaunt, Mylady —

Esther (fährt sich mit der Hand über die Stirne. Zu Harrison). Sie bleiben ja noch! — (Rasch zu Sternhill.) Mylord, meinen Dank für die freundliche Begleitung. Lady Julia würde mir zürnen, hielte ich Sie länger hier zurück! Auf Wiedersehen, Mylord.

Sternhill (sich verneigend, piquirt). Zu gütig, Mylady, zu gütig!

Harrison. Auch mir gestatten Eure Herrlichkeit —

Esther (lebhaft). Wie? — Sie wollen wieder fort? Ich dachte und hoffte Sie länger hier zu halten.

Lord. Freund Harrison blieb nur, Dich zu begrüßen.

Esther. Das thut mir leid! — Ein andermal denn, lieber Freund, ein andermal. Doch küssen Sie immer Lucia in meinem Namen, ich hoffe, das liebe Kind bald hier zu sehen. — Leben Sie wohl, Sir, — Mylord, leben Sie wohl. (Sternhill und Harrison ab. Der Lord begleitet sie.)

5. Auftritt.

Esther. Dann Jonathan.

Esther (allein. Erregt vor). O, schöne Zeit der Hoffnung und der Erwartung, wie grausam hast du mich getäuscht! Ein verfehltes Leben, so lautet der Ruf meines Schicksals. Daß ich an jenem Unglückstage die Waffe abschwören mußte — so bliebe mir doch die Jagd, die fröhliche Freiheit des Waldes, und vielleicht ein rascher Abschluß dieses entsetzlichen Daseins. — Oder wäre Arthur hier! — Ich kann sein Bild nicht aus meiner Seele bannen, und sollte es doch — müßte es für ihn, für Henry, meinen Gatten, dessen treue, aufmerksame Liebe auch nicht an meinem Unmuth ermüdet! — Ach, ich bin recht unglücklich!

Jonathan (geheimnißvoll von links). — Mylady —
Esther. Was hast Du, Jonathan?
Jonathan. Ach, wenn Mylady wüßte! — Aber ich soll's nicht verrathen! Seine Herrlichkeit haben mir verboten. —

Esther (streng). Wirst Du in Deinen alten Tagen zum Kinde? Du weißt, daß ich diese rückhaltende Art nicht liebe. Soll Etwas mir verborgen bleiben, will ich es auch durch Dich nicht erfahren — geh'! —

Jonathan. Verzeihung, Mylady — ich wollte —
Esther. Geh! sag' ich, sogleich — (Jonathan ab.) Es ist nicht recht von Henry, daß er die Diener zu Mitwissern von Geheimnissen macht, die mir nicht verrathen werden sollen. (Auf das Sopha.) Daß mich auch heute Alles, Alles ärgern und zur Verzweiflung bringen muß! —

6. Auftritt.

Esther. Lord (zurückkehrend).

Lord. Nun, liebe Esther, darf ich Dich in Dein Arbeitszimmer begleiten? Ich habe Dir eine Ueberraschung —

Esther. Laß mich, Henry. Ich bin müde und übel gelaunt. (Steht auf). Sage mir nur —

Lord. Nun?

Esther. Ich wollte Dich fragen — Jonathan —

Lord (rasch). Er hat geplaudert?

Esther (setzt sich wieder). Nein, ein andermal. Ich will Dir nicht lästig fallen.

Lord (mit Vorwurf) — Esther! —

Esther. Vergib mir, Henry. — Sieh', ich weiß selbst nicht, wie mich heute Alles ängstigt und quält — vergib mir, ich kann nicht anders!

Lord (beklommen). Wohl, ich sehe, (freier und mild) — Esther — ich freute mich Deiner Zurückkunft.

Esther. Deine Miene verräth Nichts von dieser Freude.

Lord. Findest Du sie trüb, so ist sie's durch den Widerschein Deiner eigenen Stimmung.

Esther. Man ist nicht Herr jeder Stunde! —

Lord (entschiedener, doch freundlich). Du hast Etwas auf dem Herzen, Esther — sprich, was ist's? Schon da Du kamst, mußte ich's bemerken. Lord Sternhill ist ein Mann, wie and're mehr — Deine rücksichtslose Art, ihn zu behandeln — schon die gesellschaftliche Sitte sollte Dich hindern —

Esther (steht auf). Nur zu — o, nur zu! — Und das geht so fort, Vorwürfe, Rücksichten und kein Ende! Als ob das Leben eine ewige Erziehungsanstalt — ein Jeder des Andern Hofmeister wäre!

Lord. Du übertreibst!

Esther (geht auf und ab). Keineswegs. Und weil wir davon sprechen — ich bin es müde, in meinem Hause mein eigenes Ich fortwährend gleich einem gestohlenen Gut zu verbergen, jedes Wort nach dem Gefallen Anderer zu formen, und dem Auge der Neugier eine Verstellung darzubieten, die schmachvoll und heroisch zugleich ist! — Ein Verbrecher an sich selbst, ein Heuchler sein, das nennst Du Sitte der Gesellschaft! —

Lord. Pflichten bedingen Rechte! was die Gesellschaft von Dir fordert, gibt sie Dir wieder!

Esther. Jawohl, Zwang für Zwang — Lüge und Betrug für Betrug und Lüge! Ich aber verwerfe diesen Austausch. Wenn, wie in der Natur, in meiner Seele Sturm, Trübe und Sonnenschein wechseln, sollen sie, — wie in der Natur, sich ausleben, in ihrer ganzen elementaren Gewalt sich zeigen dürfen! —

Lord. Doch auch die Natur folgt einem Gesetze, das eine höhere Ordnung ihr gegeben — und diese ist für uns der Begriff der Gesellschaft. Um Dein Bild auszuführen: wir stellen in ihr uns're Vernunft, den ewig blauen Himmel über uns're Leidenschaften, die kämpfenden Elemente uns'rer Natur —

Esther (einfallend). Und machen eine Folie aus uns — stellen die Welt auf den Kopf, und wundern uns, daß sie aus den Fugen geht!

Lord (lächelnd). Du bist wie uns're Oppositionsmänner, wenn sie einen Minister bekämpfen — aus den Fugen geh'n ist das dritte Wort. Aber nun sage mir, — was war die Ursache Deiner Verstimmung?

Esther (trüb). Ich weiß es selbst nicht. Wie ein Alp liegt's über mir; Ich könnte rasen in Unmuth und weinen in Sehnsucht nach einem Etwas, nach einem Etwas, das ich selbst nicht kenne! — Es ist wie ein Heimweh der Seele!

Lord — Du bist krank, Esther.

Esther (rasch). Nein. Aber ich fühle, daß mir Unrecht geschieht.

Lord. Und das kannst Du so sagen!

Esther. Verzeih' — gewiß, wenn ich mich bezwingen könnte — wenn Deine Güte, deine Liebe —

Lord (unterbricht sie). Laß — (faßt ihre Hand) komm! und erzähle mir! — Erleicht're Dich durch die Mittheilung. — Du warst doch bei Lady Sternhill zu Besuch?

Esther. Ja — Julia war meine einzige Freundin, ein holdes, liebes Mädchen. In ihrem Wesen so sanft, so freundlich und anregend in ihrem Umgang! Ich hatte sie lange nicht gesehen, denn ihre Heirath mit dem reichen, trockenen Pedanten Sternhill war nicht nach meinem Geschmack.

Lord. Er bewarb sich einst um Deine Hand.

Esther. Ja — und aus Rache für den empfangenen Korb heirathete er Julia. Nun, sie war arm, vielleicht war es ein Glück! Aber wie fand ich sie wieder? Aus dem duftigen, schwärmerischen Mädchen ist ein Geschöpf geworden, so leer, nüchtern und hausbacken — o, mir schaudert, denke ich an die Möglichkeit einer solchen Umwandlung! Wieviel ich meinen Dienern zahle, frug Sie mich! Aber das sind die Resultate, die Opfer Eurer gepriesenen Gesellschaft und Sitte! —

Lord. Es thut mir leid, daß ich Dich nicht begleitet habe. Und das —

Esther. O, damit war es nicht genug! Dem grauenerregenden Bild zu entfliehen, fuhr ich mit Sternhill, dessen Geschwätz ich schon nicht mehr höre, durch den Park zurück! Doch als ob ein Gott mir die Augen geöffnet, hier wie dort dieselben Gesichter — das ewig gleiche Lächeln, der stereotype Gruß, dieselbe Frage, dieselbe Antwort — eine unheimliche, schauerliche Gleichförmigkeit! Man glaubt in Gräbern unter Mumien zu athmen, der einzig fühlende, lebende Mensch! —

Lord. Du hattest nun einmal Deinen bösen Tag.

Esther. Und dann Alle, die da um mich geflattert, als ich ihnen noch die reiche Erbin war. Die ihr Leben mir zu Füßen gelegt, geschworen, ohne meine Hand sterben zu müssen — wie gleichgiltig, wie höflich steif rauschten sie an der verlorenen Beute vorüber, mit gleicher Lüge, mit gleich kalter Berechnung ein ander Wild umgarnend! —

Lord. Eindrücke der gekränkten Eitelkeit!

Esther (rasch). Mit Nichten, Henry! Nur der Gedanke, diesen Puppen eurer Gesellschaft einst ein Gegenstand der Speculation gewesen zu sein — (Hält inne).

Lord (mit Vorwurf). Esther! —

Esther. Laß uns fort, Henry, fort! Denn wenn ich mir vorstelle, daß sich das nun immer so gleich bleiben, sich täglich wiederholen soll — o, ich möchte in eine menschenleere Oede fliehen! —

Lord. Der Ausgang solcher Stimmungen! Du suchst Zerstreuung! Einen Vorschlag denn, liebe Esther.

Ich habe morgen keine Sitzung im Parlament. Du saßst lange nicht Schloß Monford. Wenn wir den Tag benützten? Ich würde gleich schreiben, — einige Vorbereitungen sind bald getroffen. —

Esther. Schloß Monford entgeht uns nicht! Laß uns reisen, Henry, nach Deutschland, Italien, wohin Du willst — nur weit, weit weg!

Lord. Sobald das Parlament geschlossen, —

Esther. Nein, wenn Dir an meinem Wohle gelegen, Henry — sogleich, morgen schon will und muß ich London verlassen! —

Lord. Du willst und mußt! — Und Du weißt doch, daß mir die Pflichten meines Amts dies nicht gestatten.

Esther. Du entsagst Deiner Stellung, legst Dein Mandat nieder und bist frei! —

Lord. Das kann Dein Ernst nicht sein, Esther! Ich bin Peer des Reichs! Pflicht und Ehre gebieten mir —

Esther. Pflicht und immer Pflicht! Die höchste Pflicht des Menschen ist die gegen sich selbst! —

Lord. Würdige meine Gründe, Esther —

Esther. Wir reisen nicht?

Lord. Wir können jetzt nicht reisen.

Esther. Und Du sagst, daß Du mich liebst! Daß die Erfüllung meiner Wünsche —

Lord. Esther!

Esther. Sei es denn! Ich will auch das noch entbehren, will eine Sclavin der Verhältnisse sein und bleiben, wie Du es verlangst! Nur wolle nicht, daß ich den heißen Drang meines Geistes, die Sehnsucht in meinem Herzen niederkämpfe! — Ich werde bleiben — mögst Du es nie bereuen, mich dazu gezwungen zu haben! — (Lehnt sich an das Kamin.)

Lord (nach einer Pause, bewegt). Wahrlich, wenn nicht das Bewußtsein, Dir dennoch werth zu sein — (Bewegung Esthers. Nähert sich ihr.) Esther, gib mir Deine Hand! (Küßt dieselbe. Esther zum Sopha führend.) Sieh! — ich dachte heute oft an uns're Mutter! Es ist nun schon über ein Jahr, daß wir sie verloren! Ihr Wort hatte doch mehr Gewalt über Dich als das meine! —

Esther. Du zürnst mir, Henry —

Lord (warm). Nein, ich liebe Dich! — Und wenn's ein Unrecht war, trotz meiner Jahre Dich, die aufblühende Rose, an mein alternd Herz zu legen, Dein junges Leben meinem abwärts gehenden Schicksal zu verknüpfen — — Esther — Du weißt es, die Stunde kam so rasch — ich kann es nicht ungeschehen wünschen!

Esther (befangen). — Henry —

Lord (sich befreiend). Nichts mehr davon! — Komm! ich habe versucht, Dir eine Freude zu bereiten, vielleicht, daß ich mir Deinen Dank verdiente — komm! — (Esther erhebt sich und erblickt Arthurs Brief.) — Was beschäftigt Dich?

Esther. Ein geöffneter Brief? Du weißt, wie neugierig ich bin. Darf ich fragen?

Lord. Ei sieh, das hätte ich ganz vergessen. Gewiß, liebe Esther, der Brief ist für uns Beide. — Arthur, mein Neffe —

Esther (freudig bewegt). Er ist zurück? Es ist nicht möglich!

Lord. Doch.

Esther. Und der Brief ist von ihm?

Lord (reicht ihr denselben). Die Anzeige seiner Rückkehr aus Indien. Ein kurzer Urlaub, den er benützt, sich hier in seiner Uniform zu zeigen.

Esther (wie oben). Uniform — er ist —

Lord. Lies selbst!

Esther (unterbricht sich). — Und hier, in London?

Lord. Nein, er blieb in Monford, bei Harrison —

Esther. Und warum kam er nicht selbst?

Lord. Er will übermorgen — (beiseit) Welche Aufregung?

Esther (hat gelesen). Und das sagtest Du nicht gleich, das konntest Du vergessen! O, so täuschte mich die Ahnung nicht — Arthur wieder in England! (Betrachtet mit innigem Blick das Schreiben). Ja, er ist's, es ist seine Hand. — Dieselben Züge, in denen er mir immer eine Freude verkündete! (Sich erinnernd.) Aber nun ist's ja gut, nun ist alles gut! O, wie wird er zu erzählen wissen — er muß sogleich nach London kommen! (Will läuten).

Lord. Ich sagte Dir schon, daß er bei Harrison!

Esther. Ja, es ist wahr, es könnte Harrison verletzen! Aber was ist zu thun? Am besten, wir fahren selbst hinaus nach Monford — sogleich, — o, wie freue ich mich, ihn wieder zu sehen!

Lord. Du überraschst mich! —

Esther. Du wolltest schreiben, schreibe gleich. Und morgen denn, so früh als möglich fahren wir hinaus.

Lord. Du bestehst darauf?

Esther. Gewiß — und nun, Henry, was ist's, das euch entzweit? Denn wenn ich auch weiß, daß seine Mutter, Deine Schwester, die Ursache —

Lord. Jawohl, ihr Leichtsinn allein —

Esther. Sie lebte so still, kaum, daß sie sich zeigte —

Lord. O, wenn Du sie gekannt hättest, da sie noch der Stolz meines Lebens war. Ich hatte sie dem Herzog von Hereford verlobt. Doch, statt der Einladung zur festgesetzten Hochzeit erhielt ich die Nachricht, daß meine Schwester verschwunden, und daß man vermuthe, ein Offizier habe sie entführt! — Empört eile ich hierher, finde die Unglückseligen — ein Duell —, der Himmel selbst hatte entschieden!

Esther. Das also — und Du — welch' grausame That! Aber um so mehr Ursache hast Du, gut zu machen an Arthur, was Du an seiner Mutter verbrochen. Ja, und Du wirst es gut machen, Henry, und ich will Dich unterstützen! — Wir fahren also bei Harrison vor, senden Jonathan mit der Einladung zu Arthur —

Lord (zögernd). Es wäre mir lieber —

Esther. Keine Einrede, Henry, laß mich gewähren! — Auf Wiedersehen denn beim Souper. Ich will indeß alles zur Abfahrt für morgen vorbereiten. Es ist ja unser erster Frühlingsausflug, die erste Freude nach der Trauer um uns're Mutter! O, Du sollst sehen, wie ich mich schmücken werde! — (warm) Noch einmal denn, auf Wiedersehen, lieber Henry! (Reicht ihm die Stirne zum Kusse).

Lord (bewegt, geleitet sie zur Thür). Auf Wieder=
sehen, Esther, auf Wiedersehen! (vor) Was war das?
Dieser rasche Wechsel? Sollte sie ahnen, vermuthen?
Ich hätte nicht einwilligen, hätte verhindern sollen —
(kleine Pause) o Vorsicht, Vorsicht, es wäre mehr, als ich
tragen könnte! —

Der Vorhang fällt.

Zweiter Aufzug.

Monford. Garten vor Harrisons Haus. Lauben und Bänke.

1. Auftritt.

Arthur. Lucia.

Lucia (im Laufe von der Seite, auf eine Bank). — Ach, ich bin müde!

Arthur (in Uniform; langsamer nach). — Und ich? Böses Kind! Wenn uns Jemand gesehen hätte, ich müßte mich ja schämen, wie ein toller Junge Ihnen nachzuspringen.

Lucia (lachend). Mister Arthur ist so alt!

Arthur. Alt genug, um bei Miß Lucia in Gefahr zu kommen. —

Lucia. Sich zu überspringen?

Arthur. Jawohl, und das Gleichgewicht zu verlieren! —

Lucia. Ein Witz —

Arthur. Den Sie mir leicht gemacht. (Steht auf.) Aber jetzt muß ich fort, die Lady wird bald hier sein und ich habe versprochen —

Lucia (aufstehend). Immer die Lady; sie geht Ihnen nicht aus dem Kopfe! Warum haben Sie versprochen?

Weil Sie sich nach ihr sehnen, sich nach London sehnen und wieder zurück nach Indien!

Arthur (heiter). Wie Sie das wissen!

Lucia. O, lächeln Sie nur — ich habe doch Recht! — Und ich habe mich so gefreut — und nun sind Sie kaum zwei Tage hier, kommt die Lady, holt Sie nach London ab — und dann, ich weiß, dann sehen wir uns nie wieder!

Arthur. Und warum nicht?

Lucia. Weil Sie es selbst nicht wollen! Weil Ihr Herz an der Lady hängt, die über Sie verfügt und der Sie gehorchen müssen!

Arthur. Müssen!? Das ist neu —

Lucia. Thun Sie es nicht?

Arthur. Die Lady traf mich nicht, da sie vorhin vorbeifuhr, und bittet mich nun, sie zum Besuche Ihres Vaters, Sir Harrison's, abzuholen.

Lucia. Ein guter Vorwand —

Arthur. Eine Höflichkeit, Lucia, die ich nicht versagen darf! (Etwas bewegt:) Zwar, ich gestehe gerne, daß der Gedanke, Lady Esther endlich wieder zu sehen —

Lucia. Endlich!

Arthur (lebhaft). Ich kann's noch gar nicht fassen, daß ich sie als das Weib meines Oheims begrüßen soll! Esther — die Gattin Lord Henry's! Das stolze, herrliche Mädchen vermählt einem Manne, der ihr Vater sein könnte! — Ach, und meine Träume, meine thörichte Phantasie, die nicht an die Wirklichkeit glauben wollte! — Aber sie hatte Recht, es war besser so! — Und nur der Gedanke quält mich, daß ich ein Gegenstand ihres Mitleids, daß ihr einflußreiches Wort selbst in der Ferne an mir gutmachen wollte, was ihr Herz an dem meinen verbrochen!

Lucia. Von was sprechen Sie, Arthur?

Arthur. Von einer Erinnerung, liebe Lucia, von einem Traume, so schön und goldig, so weh und schmerzlich, daß sein Bild mich noch heute mit Wehmuth und Trauer erfüllt!

Lucia. Sie liebten die Lady!

Arthur. Ich?

Lucia. Sie lieben sie noch!

Arthur. Wie können Sie vermuthen —

Lucia. Ich muß es ja sehen!

Arthur. Nein, Lucia, ich liebe die Lady nicht — gewiß nicht! Sind Sie nun zufrieden? Aber wir plaudern und plaudern, und ich muß fort! — Ich komme sonst in Gefahr, Sie und die Lady zu erzürnen und mir so beiderseits den Dank zu verscherzen! — Auf Wiedersehen, liebe Lucia (küßt ihre Hand); kleiner, lieber Eigensinn, auf Wiedersehen! (rasch ab.)

Lucia (bewegt). Arthur! (will ihm nach, dann vor, allein.) O, es ist abscheulich von ihm! Aber ich werde mich bezwingen, werde ihm nicht mehr zeigen — und doch, er ist so gut und lieb! — Ich sollte ihm zürnen und kann's nicht — sollte fremd thun und möchte doch seine Hände fassen — ihm an den Hals fliegen und ihm sagen, wie ich ihn liebe! — O, diese Lady! Sie ist an Allem schuld — wäre sie doch in London geblieben! — (Kehrt sich um.) Ah, er hat die Anhöhe schon erreicht — er grüßt mich — adieu, Arthur, adieu (ruft:) Aber das ist ja nicht der Weg! — Er hört mich nicht mehr — ich hätte eigentlich mit ihm gehen sollen! —

2. Auftritt.

Harrison. Lucia.

Harrison (hinter der Scene). Lucia — Lucia — (vorkommend). Ei wie? Guckst du bei hellem Tage nach den Sternen? He, Lucia —

Lucia (sich kaum umwendend). Was ist, Vater?

Harrison. Was ist? Lady Monford ist hier. Du bist noch in Deiner Alltagskleidung. Willst Du sie so empfangen?

Lucia (wie oben). Lady Monford — ich weiß.

Harrison. Du weißt! Ist das eine Antwort?

Lucia. Worauf?

Harrison. Ob Du Dich umziehen willst?

Lucia. Warum?

Harrison. Worauf? warum? — Nun ja, mir kann's recht sein!

Lucia. Was?

Harrison. Was? — Beim heiligen Georg, Deine Fragen sind heute kurz! Was ist Dir, Lucia? Du blickst zu Boden — Kind, was ist Dir?

Lucia. Nichts, Vater!

Harrison. Nichts, Vater! Als wenn's damit abgethan wäre! Aber ich sehe ja, daß Du mir etwas verhehlst, mir nicht gestehen willst — Lucia, was soll ich denken?

Lucia (will fort). Ich werde mich doch umziehen!

Harrison (hält sie zurück). Nein, bleibe, mein Kind, und erkläre mir, was ist geschehen? — Wahrhaftig, Du beängstigst mich! —

Lucia (an seine Brust). Mein Vater! —

Harrison. Und nun gar — aber so höre doch! Thörichtes Kind, weine nur nicht. Du weißt ja — beim heiligen Georg, Du machst auch mich weich! — (bezwingt seine Rührung und führt sie zur Bank.) Komm, setze Dich zu mir! — Mein junges Reh! Schon seit einigen Tagen bemerk' ich's, wie Du stiller und trauriger wirst — ja, trauriger! — Du bist krank, Lucia?

Lucia. Nein, mein Vater!

Harrison. Doch, Du bist's! (weich:) Mein einziges Kind! Mein schmuckes Lämmchen. Sieh, ich war gestern in London — weißt Du auch, was ich so eigentlich dort gewollt? Einen Mann habe ich Dir suchen wollen, ja, ja, einen Mann! — Sieh, sieh, wie Du verlegen wirst — habe ich's errathen?

Lucia. Mein Vater!

Harrison. Nun, nun, beruhige Dich, ich habe keinen gefunden! — In uns'rer ganzen Verwandtschaft nicht einen, der Dich verdiente! Und eh' ich Dich so einem geschniegelten und gestriegelten Stadtlaffen an den Hals würfe, eh' wollte ich —

Lucia. Vater —

Harrison. Nun, wir werden ja sehen. Es wird sich ja auch in unsrer Gegend noch ein braver Landjunker finden, der Dir gleich ist an Vermögen und Erziehung! Zum Beispiel unseres Nachbarn, Junker Norderns Samuel; oder der kleine Johnston, ein prächtiger Junge, tüchtiger Landwirth, zieht seine Pferde selbst — und ich glaube fast, er reitet nur wegen Dir so oft hier vorüber.

Lucia. Nein, niemals, mein Vater, ich will keinen!

Harrison. So — das erkläre sich Einer! Und wenn's seit heute wäre — seit gestern — aber schon seit — (hält inne). Halt, da kommt mir ein Gedanke! — Lucia, beim heiligen Georg, das wäre möglich!

Lucia (ängstlich). Was denn?

Harrison (forschend). Arthur war doch mit Dir? Wo ist er?

Lucia. Die Lady ließ ihn auf das Schloß bitten, sie abzuholen.

Harrison. So, so — auf das Schloß! Die Lady hat doch absonderliche Einfälle!

Lucia (rasch). Nicht wahr? Ich habe es Arthur auch gesagt! —

Harrison. So, Du hast's ihm auch gesagt! — Nun, das war ja recht klug von Dir! — Ich habe von Arthur die beste Meinung, aber mir gefällt's nicht, daß er sich so benützen läßt. Er könnte seine Zeit besser verwenden!

Lucia. Und morgen soll er nach London.

Harrison. Das wäre schon recht, wenn er die Sammlungen besuchen, dort arbeiten wollte!

Lucia. Warum nicht gar. Er kam ja zur Erholung nach Hause! —

Harrison. Dem Manne muß auch die Arbeit Erholung werden. Arthur war von je zu leichtsinnig! —

Lucia. Das sagten Sie immer — und ich glaube es doch nicht! Sie sollten nur hören, wenn er etwas erzählt oder erklärt — es wird Einem ganz eigen dabei zu Muthe! Und Alles kennt er! —

Harrison. So — Alles kennt er! Kennt er auch schon Dein Herz?

Lucia. Vater —

Harrison. Kind! Kind! (steht auf, beiseit:) Jetzt wird mir Alles klar! (laut:) Aber so geht's! Da sorgt man und kümmert sich, sieht die Ursache in diesem und jenem, — und wenn's zu Tage kommt, ist das Herzchen verliebt!

Lucia. Wie Sie nur sprechen!

Harrison. Hast Du Arthur Deine Liebe gestanden?

Lucia. Meine Liebe?

Harrison. So liebst Du ihn nicht?

Lucia (nach kleiner Pause, begeistert). Ja, wenn, was ich hier fühle, was mich ergriff, da ich ihn wieder sah — was mir das Herz in seiner Nähe beben macht, was mich so neu, so ganz durchglüht — wenn das Liebe ist — so liebe ich ihn! — O, mein Vater! wie habe ich mich bemüht, es zu verbergen — mir selbst — ihm und Ihnen! Aber wider meinen Willen drängt es mich zu ihm hin! Entzücken durchschauert mich und Furcht! Ich möchte ihm zu Füßen sinken und ihm Alles gestehen, und bange und zittre doch wieder bei dem Gedanken, daß er's errathen könnte — daß er — o, glauben Sie, Vater, wird er mich wieder lieben?

Harrison. Ich wollt's ihm rathen! — (begütigend:) Nun, nun, sei ohne Sorge. Aber wo hatte ich meine Augen? Ei, daß Dich — springt mir der Junge in's Garn, und weg ist das Vögelchen! —

Lucia (bittend). Mein Vater —

Harrison. Im Ernste, Lucia, schlage Dir den Unsinn aus dem Kopfe! — Ich weiß, wenn man jung ist, spukt's rasch im Herzen, und sieht sich an, als wär's heiliger Ernst — ist aber doch nur eitel Schein und Täuschung! — Arthur muß wieder zurück nach Indien — er ist Offizier, sein Leben gehört nicht mehr ihm, sondern seinem Stande, seiner Pflicht! Was hätt' es für einen Sinn, wenn ich auch Ja sagen wollte? — Versteht er die Wirthschaft? Kennt er die Pferdezucht, den Betrieb einer Meierei? Ja, hätte seine Mutter auf mich gehört, ihn was Ordentliches lernen lassen! Aber sie wollte immer hoch hinaus mit ihm —

Lucia (die kaum zugehört, sieht hinaus). Vater — die Lady — sehen Sie? O, ich erkenne sie von ferne! (beiseit:) Er hat sie richtig verfehlt! (laut:) Ich will ihr entgegengehen! (will fort.)

Harrison (nöthigt sie zu sich). Nein, bleibe und höre mich an. Es ist zu Deinem Wohle, mein Kind! Du wirst also auf Dein Benehmen achten, Arthur mit keinem Worte Hoffnung machen — und mich sorgen lassen —

Lucia (wie oben). Sie sah uns schon — sie winkt mir — ich bin gleich wieder hier! — (springt fort.)

Harrison. So — das war tauben Ohren gepredigt! — Ich merke, ich merke, das Rad ist im Rollen; da nützt kein Aufhalten! — Ein Glück, daß der Junge nicht hier bleibt! — (Esther und Lucia entgegen, die eintreten.)

3. Auftritt.

Harrison. Esther. Lucia. Dann Arthur. Diener.

Harrison. Gestatten Sie mir, Sie ehrerbietigst zu begrüßen, Mylady.

Esther. Ich danke Ihnen, mein würdiger Freund — ich danke Ihnen! Lord Henry läßt sich entschuldigen — er mußte rasch nach London zurück, doch wird er bald hier sein (schickt die Diener fort, beiseit): Wo Arthur sein mag? Ich bat ihn doch — (laut): Verzeihen Sie, Sir John — ich glaubte — Arthur — (im Umblicken) ah, da ist er! —

Arthur (tritt ein, sich verneigend). Mylady —

Esther (freudig überrascht). Ja, Sie sind's — endlich sehe ich Sie wieder! Wie lange schien mir die Zeit — und wie unglaublich der Gedanke — und nun, da Sie vor mir stehen — nun ist mir, als ob Sie erst gestern von uns geschieden — (reicht ihm die Hand). Seien Sie uns denn herzlichst willkommen!

Arthur. Sie beschämen mich, Mylady — ich finde kein Wort —

Esther (heiter). Keine Förmlichkeit! Denn nun, da wir Sie wieder besitzen, nun gehören Sie auch zu uns — Arthur — wenn ich Sie noch so nennen darf.

Arthur. Mylady —

Esther (wie oben). Wohl denn — und nun, Sir John — zürnen Sie, daß wir uns selbst bei Ihnen zu Gaste gebeten?

Harrison. Eine Güte, Mylady, die mich stolz macht. — Vorwärts, Lucia, vorwärts! Du stehst ja wie versteinert! Du weißt doch — das Frühstück —

Lucia. Ich gehe gleich —

Esther (küßt sie). Dank, liebe Lucia! — (Lucia ab.) Das süße Kind! Reizend wie Alles, was mich hier umgibt! — O, Sie haben Recht, Sir, London zu meiden und der freien, schönen Natur und ihrem stillen Schaffen auch unter Schnee und Eis zu lauschen! — Wie hat diese Fahrt hierher schon meine Seele erquickt! — Der beginnende Sang der Vögel, die aufsprossenden Blätter und Blüthen — die weiche Luft, die frühlingduftende Erde, das weite, lichte Firmament — o, Sir John, wie glücklich müssen Sie sein! —

Harrison. Ich bin's, Mylady — möge mir's der Himmel wahren! — Aber wären Sie nicht geneigt, in's Haus zu treten?

Esther. Ich bleibe noch hier. Vielleicht, daß ich den Lord erwarte! Arthur wird mir indeß Gesellschaft leisten — nicht wahr?

Arthur. Gewiß, Mylady. —

Harison (für sich). Nun auch noch die — wie sie ihn ansieht! — Der Junge ist doch ein rechtes Weiberfutter! — (laut:) So gestatten Sie mir, Mylady —

Esther. Bitte, bitte, mein Freund! — (Harrison ab in's Haus.)

4. Auftritt.

Esther. Arthur.

Esther (warm). Und nun — noch einmal, herzlichst gegrüßt! Ich will nicht fragen, warum Sie fort — ohne Abschied — ohne ein Wort — nein! — Wie nach schwerem Traume ein Blick in den hellen Tag das düst're Bild verscheucht, so will ich aufathmen in der Freude, Sie wieder hier zu wissen! O, es war hohe Zeit, denn ich war nahe daran, zu verzweifeln! —

Arthur (lächelnd). Eine Verzweiflung, die ein Luftwechsel curirte! —

Esther. Arthur — doch nein, keinen Mißton in die Freude dieser Stunde! Sollte doch Ihre Rückkehr die selbstverständliche Erneuerung einer Freundschaft sein, die mich einst so glücklich gemacht! —

Arthur. Glücklich? Einst? Wo sind diese Zeiten!

Esther. Sie zweifeln an mir, Arthur?

Arthur. Ich — o nein, ich zweifle nicht! Sie gaben mir ja Beweise Ihrer Freundschaft, die meine Dankbarkeit nicht vergessen soll. — Und darum verzeihen Sie mir auch jenes Wort. — Ich kämpfte mit dem Schicksal, Mylady!

Esther. Ich sehe, es hat Ihr Empfinden ernst gemacht.

Arthur. Vielleicht nur vorsichtig. (Wärmer.) Denn auch ich — o, auch ich freute mich der schönen Stunde! Mir ist ja hier jeder Baum, jeder Stein am Wege ein Erzähler glücklicher Vergangenheit, ein Zeuge froher Kindertage! Wie oft, wenn in der tiefen Einsamkeit einer Meeresnacht ich auf dem Verdecke uns'res Schiffes saß, und diese stillen, geliebten Räume an meines Geistes Auge vorüberzogen — wie drang aus der Tiefe des Meers, aus des Aethers Höhe der zaubrische Klang an mein Ohr: Heimath, Vaterland! — O, der kennt nicht des Lebens entzückende Hoffnung, nicht der Seele krampfhaften Schmerz, der euch nie entbehrt, euch nie verlassen! —

Esther. Ja, jetzt erkenne ich Sie wieder. Fühle den warmen Hauch, der uns so oft hinaufhob in die Träume unj'rer Jugend! — O, die Zeit war schön! —
Arthur. War schön? Sie sind ja glücklich, Mylady! —
Esther (erstaunt). Ich — Arthur —
Arthur. Sie müssen es sein! — Denn als ich die Nachricht erhielt, daß Sie meinem Oheim vermählt, da ging mir die Ahnung auf von der Nützlichkeit des Lebens, des Reichthums und des Weltgenusses! O, die klugen Menschen, sie wissen, warum sie uns Idealisten bemitleiden!
Esther. Ich verdiene diesen Vorwurf nicht, Arthur. Aber ich sehe, daß ich mich getäuscht, daß ich mich zu früh gefreut habe auf diese Stunde!
Arthur. Ja, Sie haben Recht! Was nützt's, in alten Wunden zu wühlen, — heilen müssen sie, wenn man nicht daran sterben will! — Auch will ich Ihrer Theilnahme nicht unwürdig scheinen! Bin ich doch hier, des Dankes mich zu entledigen für die Wohlthat, die mir das Leben wieder gab!
Esther. Das Leben?
Arthur. Ich hatte auf einem Schiffe, das nach Indien segelte, mich als Matrose anwerben lassen. Verzweiflung und Noth trieben mich zu diesem Schritt, den ich bald bereute, denn der Dienst war schwer, der Kapitän hart und grausam. Er legte es förmlich darauf an, mich zu bemüthigen und zu beschimpfen. Da, kurz vor Erreichung des Hafens, verwickelte er mich auf's neue in einen heftigen Streit. Meiner Sinne nicht länger mächtig, ergriff ich den wüsten Mann und warf ihn vom Deck in's Meer! — Er wurde gerettet, ich aber betrat als Gefangener das Land. In einem dumpfen Kerker erwartete ich gleichgiltig mein Todesurtheil! — Was lag mir am Leben — ich hatte es aufgegeben, da ich London verließ. Doch, statt Tod oder langer Haft ward mir plötzlich Befreiung und Aufnahme als Cadet in die königliche Marine. Eine Verwendung aus London hatte dies bewirkt — und dieser Verwendung dankte ich auch mein Offiziers-

patent, das ich bemüht war, mir zu verdienen! — Ich bin nun hier, für soviel Güte, ja für mein Leben Ihnen zu danken, das ohne Sie vielleicht verwirkt war.

Esther. Sie irren, Arthur. Was Sie mir mittheilen, ist mir völlig neu — und ich danke Gott mit Ihnen, daß es sich so gefügt.

Arthur. Ich ehre Ihr Zartgefühl, Mylady — und will es als Rücksicht betrachten für jene schöne Zeit, die Sie selbst betrauerten! —

Esther (in steigender Bewegung). Ich? Wie räthselhaft, Arthur? Ich weiß nicht, was Sie meinen — und doch — Ihre plötzliche Flucht — Ihre Andeutungen, Arthur — (dieser will entgegnen) still, der Lord! — (Rasch ab ins Haus.)

5. Auftritt.

Arthur. Lord (der eintritt).

Arthur (allein, vorn). Wohl, so wäre ich frei, und mein Herz wäre erlöst von diesem Druck! Und Esther? O, möge sie so glücklich sein, als sie es zu werden gehofft — ich habe keinen Theil mehr an ihrem Schicksal! (Wendet sich. Der Lord ihm entgegen). Mylord —

Lord (gemessen). Ich täuschte mich nicht. — Seien Sie mir gegrüßt, Arthur.

Arthur (befangen). Ich danke, Mylord. — Ich hoffte schon diesen Morgen —

Lord (beiseit). Wie verlegen er ist. (Laut.) Ein unerwarteter Zwischenfall. Doch lassen Sie mich Ihnen sagen, wie sehr Sie sich zu Ihrem Vortheil verändert haben. Meine Schwester — Ihre Mutter würde sich freuen.

Arthur (schmerzlich). Meine Mutter! —

Lord. Sie thaten gut daran, England auf kurze Zeit zu besuchen. Ich hoffe, es soll Ihnen Vortheil bringen.

Arthur. Wie das?

Lord. Davon später. Für jetzt nur die Frage: Sie sahen Lady Monford?
Arthur. Mylady trat soeben in das Haus.
Lord (im Gehen). Sie hatten die Güte, sie zu begleiten?
Arthur. Nur die Absicht, Mylord.
Lord. Folgen Sie mir?
Arthur. Sogleich. (Lord in das Haus. Arthur will nach, Lucia ist eingetreten). Lucia?

6. Auftritt.

Arthur. Lucia.

Lucia (trüb). Wo bleiben Sie, Arthur?
Arthur. Lady Monford ist noch bei Ihrem Vater?
Lucia (beiseit). Immer sie! (Laut.) Jawohl. Aber sie will gleich wieder aufbrechen.
Arthur. So — dann muß ich ja — (Betrachtet Lucia, beiseit.) Liebliches Kind! Ich habe sie nie so schön gesehen! (Laut, freundlich). Sind Sie so schweigsam, Lucia? Was ist Ihnen begegnet?
Lucia (sieht ihn an). Ein böser Gedanke.
Arthur. Sieh, sieh, wie hübsch Sie das sagen! Und dieser böse Gedanke?
Lucia. Ich habe ihn wieder verscheucht!
Arthur (warm). So ist's recht! Und um die Erinnerung an ihn ganz zu vertilgen, lassen Sie mich Ihnen sagen, daß Ihr Kommen mich glücklich gemacht! Auch mich plagten böse Gedanken. — Da erschienen Sie — und ich athme wieder auf im frischen erquickenden Hauch Ihrer Nähe! — (Näher). Liebe Lucia — die kurze Zeit meines Hierseins neigt zum Ende — aber ich nehme eine Erinnerung mit, bereichert und verschönt durch das liebliche Bild Ihrer Freundlichkeit und Güte! —
Lucia (mit Hingebung). Arthur! — (Traurig.) Also doch fort! —
Arthur. Kommen und Gehen ist unser Loos. Werden Sie ein wenig an mich denken?

Lucia (rasch). Ob ich — (Faßt sich, schmollend.) Sie wollen mich nur trösten, weil Sie der Lady folgen und uns wieder verlassen! —

Arthur (leicht und freundlich). Ich mache Ihnen ein Compliment, Sie machen mir einen Vorwurf.

Lucia. O, und mit Recht!

Arthur. Es scheint mein Schicksal, Ihnen beständig zu mißfallen!

Lucia. Oder Ihre Absicht. —

Arthur (wie oben). Wie Sie antworten! — Wer hätte das in dem Köpfchen da gesucht? — Ei, ei, Lucia, Sie machen mir Angst! —

Lucia (wendet sich weg). Nun auch noch dieser Spott! (Bricht in Weinen aus). Das habe ich nicht verdient! Weil ich mich nicht bezwingen kann! Ich werde aber auch kein Wort mehr erwidern! —

Arthur (überrascht). Lucia — wahrhaftig — aber liebe Lucia — so hören Sie doch! —

Lucia. Ich will Nichts hören — gehen Sie, gehen Sie nur mit der Lady, die Sie lieben und der Sie mich opfern! Ach, ich hätte es nie geglaubt! —

Arthur (ernst, für sich). Wär's möglich? Eifersucht? (Laut.) Liebes Kind, Sie verkennen ganz und gar —

Lucia. O, nur zu sehr fühle ich, wie Sie für mich nur Spott, nur Lächeln haben für mein kindisch Wesen! Wie Sie mich mißachten, Arthur — aber Sie werden es einsehen, wenn ich nicht mehr bin, und dann an mich denken, wenn es zu spät ist! —

Arthur (wie entschlossen). Nun denn, bei allem Höchsten — Lucia — (vor, beiseit) Nein, ich wage es nicht, wage nicht, den Schleier zu berühren, der wie ein Dufthauch über diesem Geheimniß ruht! Meine Hand zittert — und doch, wenn es wahr, wenn es möglich wäre — o, halte an dich, sei fest mein Herz! — Nicht zum zweitenmale soll unglückliche Raschheit mich zu bitt'rer Täuschung führen! — (Blickt hinaus, laut.) Lucia, fassen Sie sich! Die Herrschaften kommen — sollen sie Zeuge werden —

Lucia (warm). Arthur —
Arthur (ihre Hände fassend und küssend). Sie thun mir Unrecht, sehr Unrecht, Lucia. — Doch nun, Fassung, Fassung, wir sehen uns ja wieder! —

7. Auftritt.

Vorige. Lord. Esther. Harrison.

Lord (eintretend, ironisch). Ah, jetzt begreife ich, weshalb wir Sie vergebens erwarteten! Angenehme Unterhaltung. Mister Arthur weiß Gesellschaft zu finden!

Arthur (etwas verletzt). Gewiß nicht die schlimmste, Mylord! Ueberdies kam Lucia, mir mitzutheilen, daß Eure Lordschaft zum Aufbruche bereit wären.

Esther. Und Sie, Arthur? Sie sollen uns sogleich nach London begleiten.

Arthur (überrascht). Soll — sogleich?

Esther (eindringlich.) Sie haben es mir versprochen, Arthur.

Arthur (gefaßt). Gewiß, Mylady. Nur dachte ich nicht, — heute —

Lord. Es ist besser, Arthur. So kann ich Sie gleich dem Minister vorstellen, der Sie zu sprechen wünscht über beunruhigende Nachrichten, die aus Indien eingetroffen.

Arthur. Ich bin bereit, Mylord —

Lord. Auch habe ich Grund zu hoffen, daß diese Begegnung für Sie von den wichtigsten Folgen sein werde. Eine politische Mission für Ihre Rückkehr nach Indien wird Sie dem dortigen Gouvernement empfehlen.

Esther. Rückkehr? Du gabst doch keine Zusicherungen?

Lord. Wie das?

Esther. Ich wünsche nicht, daß Arthur uns wieder verlasse!

Arthur. Wenn meine Pflicht, Mylady —

Lord. Seine Zukunft, eine glänzende Carrière —

Esther. Die sich auch in England finden läßt! —

Dafür lassen Sie mich sorgen, Arthur! Ja, Sie müssen mir versprechen, dies ganz mir zu überlassen!

Arthur. Mit vollstem Danke, Mylady, so weit ich es darf! Doch habe ich kein Recht, selbst zu entscheiden, meine Zukunft gehört dem Dienste meines Vaterlandes! (Mehr gegen den Lord.) Möge der Minister über mich verfügen — sein Ruf ist der Ruf meiner Pflicht — ich werde ihm freudigen Herzens folgen! —

Jonathan (tritt anmeldend ein).

Lord (reicht Arthur die Hand). — Brav, Arthur! Es freut mich, diese Gesinnungen in Ihnen zu finden. Sie werden mit denselben den Weg nicht verfehlen! —

Esther (lächelnd zu Arthur). Und mir doch Recht geben! Gewiß, auch ich rühme Ihre Gesinnung, die mich nicht überrascht. — Aber wir sprechen darüber in London. — Und nun, Lucia — Gott befohlen, liebes Kind! — Freund Harrison, herzlichsten Dank für Ihre Gastfreundschaft, wir hoffen dieselbe bald in London zu erwidern.

Harrison (sich verbeugend). Mylady —

Lord (reicht Harrison die Hand). Leben Sie wohl, Sir! —

Esther. Arthur — diesen Abend auf dem Schloß. — Und bereiten Sie sich für London. —

(Esther, Lord, Harrison und Lucia ab).

Arthur (allein, sieht Esther nach). Räthselhaftes Weib! — Als ob ich — (vor) sie ist dennoch eine Coquette! — Nach London denn! Ich will doch sehen, ob ihr Zauber mächtig genug im Kampfe zu bestehen — gegen dies holde Bild! (Lucia tritt ein.) Lassen Sie denn auch uns Abschied nehmen, liebe Lucia —

8. Auftritt.

Arthur. Lucia. Harrison.

Harrison (rasch herein). Arthur —

Arthur. Sir John —

Harrison (lebhaft). An mein Herz, junger Mann — nur zu, umarmen Sie mich! So! Das war brav gesprochen! Gelt, Lucia?

Lucia (an seinen Hals). Mein Vater!

Harrison. Nun, nun, ist's richtig? Alles gestanden und Ihr seid einig?

Arthur (überrascht). Wär's möglich — Sir —

Harrison. Was kann ich thun, wenn Sie dem Mädel schon den Kopf verrückt haben? Und soll ich etwa warten, blos weil Sie arm — ei was, ich habe genug für Euch Beide! — Umarmen Sie mich noch einmal, Ihre wack're Antwort für das Vaterland hat Ihnen einen Schwiegervater eingetragen!

Lucia. Es wäre wahr — mein lieber, lieber Vater! —

Arthur (freudig). Sie überraschen mich, Sir —

Harrison. Courage, zugegriffen — gebt euch die Hände, so, und werdet glücklich! (vor) Der liebe Herrgott scheint die alten Leute ohnehin nur erfunden zu haben, um die jungen zusammen zu thun! —

Der Vorhang fällt.

Dritter Aufzug.

Arbeitszimmer der Lady. Elegante Ausstattung. Thüre links und im Hintergrunde. Links ein Schreibtisch. Rechts Sopha vor dem Kamin. Hinter dem Sopha auf einer Staffelei das Bild der Mutter Esther's.

1. Auftritt.

Esther. Jonathan. Dann Lady Julia.

Esther (geschmackvoll gekleidet, sitzt am Schreibtisch, Briefe siegelnd).

Jonathan (meldend). Lady Julia Sternhill.

Esther. Sehr erfreut! (Zu Jonathan:) Besorge diese Briefe!

Jonathan (öffnet der eintretenden Lady die Thüre, dann ab).

Esther (Julia entgegen). Willkommen, liebe Julia — herzlich willkommen! —

Julia (gesuchte Einfachheit, falscher Ton). Nur im Vorbeigehen, liebe Esther, nur im Vorbeigehen. Ich machte Einkäufe in der Nähe. (Setzen sich.) Nun, was sagen Sie zu der gestrigen Soirée bei der Herzogin von Cumberland?

Esther (heiter). Ich war entzückt! Die liebenswürdigste Gesellschaft, die angeregteste Unterhaltung! Auch Sie, liebe Julia, schienen mir sehr erheitert.

Julia. Mit Einschränkung, liebe Freundin, mit Einschränkung! Mein Mann war übel gelaunt. In Folge der Nachrichten aus Indien große Baisse an der Börse. —

Esther (lachend). Große Baisse an der Börse! Aber, beste Julia, was kümmert denn uns die Börse! —

Julia (mit falschem Blick). Sie, meine Theure, jawohl, Sie brauchen sich nicht drum zu kümmern! Aber wir! — Richtig, ich wollte noch fragen, was war das für ein lebhaftes Gespräch? Mister Arthur entwickelte ein Feuer, eine Beredsamkeit —

Esther (begeistert). Nicht wahr?

Julia. Darf man wissen, von was die Rede war?

Esther. Von einem Gemälde der letzten Ausstellung. Arthur ging, es zu besichtigen, um, wenn es ihm gefällt, es für mich anzukaufen.

Julia. Für Sie — wenn es ihm gefällt! Sie Glückliche! Wenn man das nur so anordnen darf! Da möchte ich meinem Sternhill kommen! (stehen auf). Aber ich muß fort, ich habe noch viel zu besorgen! (erblickt das Bild.) Ah, Ihre Mutter! Wie schön, wie treffend, als ob es das Leben selbst wäre! — Habe ich denn das Bild noch nicht gesehen?

Esther. Nein; Henry ließ es anfertigen. Es ist sein Geschenk.

Julia. Welche Aufmerksamkeit!

2. Auftritt.

Esther. Julia. Lord (der eintritt).

Esther. Da kommst Du selbst. Laß Dir die Anerkennung Julia's eine Ergänzung meines Dankes sein.

Lord. Sie gehen, Mylady?

Julia. Ich muß. Auf Wiedersehen, liebe Esther.

Esther. Auf Wiedersehen, Julia. Vielleicht diesen Abend?

Julia (zu Beiden). Haben Sie schon bestimmt?

Lord. Ich kam deswegen.

Esther (zu Julia). Wir werden Sie benachrichtigen. Ich will zuvor Arthurs Rückkunft erwarten. (Julia ab, von Esther begleitet.)

Lord (vorn). Arthur's Rückkunft! Und das sagt sie vor dieser Julia! Nun, das Ende naht! (vor das Bild. Esther tritt neben ihn, er faßt ihre Hand.) Daß ihr Segen auch ferner auf unserm Bunde ruhe! — Ich kann ihr Bild nie ohne diesen stillen Wunsch betrachten.

Esther. Wie bewegt Du bist!

Lord. Daß es auf mir lastet wie ein ewiger Vorwurf! Ich kam hierher in der selbstsüchtigen Absicht, um Dich zu werben, mit Deiner Hand mir Deinen Namen und Dein Vermögen zu erringen. Deine Mutter hatte mich eingeladen — sie hielt mich zurück, da ich hoffnungslos wieder scheiden wollte. —

Esther. Ja, meine Mutter liebte Dich! — Es war seit meines Vaters Tode Ihres Herzens Wunsch, mit unserm Namen all' die Rechte, die mir als Letzte unsres Hauses zufielen, auf Dich zu übertragen. Ihr Wunsch ward erfüllt, wir wurden vermählt —

Lord (rascher). Und Du bereust es nicht?

Esther (freundlich). Warum sollte ich? — Aber wie kommst Du auf diese Frage?

Lord (bewegt). Ich dachte — vergib mir! Aber ich kann des Gedankens nicht ledig werden, Dich damals überrascht und Deine Befangenheit benützt zu haben. Ich durfte Dein Wort nicht nehmen, ohne Dir Bedenkzeit zu geben.

Esther. Immer diese Befürchtungen —

Lord. Esther — wenn ich Dich je verlieren müßte — es wäre ein Leben, dunkler als der Tod! —

Esther. Du erschreckst mich, Henry! Welche Vorstellungen? Sind wir nicht glücklich? Haben wir unser Leben nicht auf's Schönste eingerichtet? Ja, Du sollst sehen, Henry, daß Jugend und Lebenslust mich noch nicht verlassen haben. Ich gab Deinem Wunsche nach, wir bleiben vorerst in London. Und wenn Dein ernster Beruf, Deine politische Stellung Dich abhält, an meiner Seite zu erscheinen, soll Arthur hier sein. (Bewegung des Lord.) Hast Du nicht auch mit freudiger Ueberraschung die sichere Art bemerkt, mit der er sich in unsrer Gesellschaft bewegt? O, ich weiß gewiß, daß seine Erscheinung den günstigsten Eindruck hervorgebracht. Ich denke denn auch nicht, so bald ihn von uns zu lassen! —

Lord. Du zeichnest ihn über Erwarten aus.

Esther. Sein off'nes Wesen, sein männlicher Sinn, die glühende Begeisterung für alles Große, Gute und Schöne — o, ich ahne eine glückliche Zukunft für ihn! (steht auf). Aber wo er bleibt, er könnte längst zurück sein! —

Lord. Er wird sich im Hotel des Ministers verweilen. Vielleicht hat er schon seine Bestallung für Indien in der Tasche.

Esther (ernst). Henry — Du weißt, wie ich darüber denke! —

Lord. Laß uns nicht streiten. Sein eigner Wunsch wird ja doch maßgebend sein. Uebrigens gabst Du ihm noch den Auftrag, die Ausstellung zu besuchen und ein Bild für Dich anzukaufen.

Esther. So ist's! Das Gemälde eines jungen Künstlers, das die allgemeine Aufmerksamkeit erregt und in der gestrigen Soirée Ursache einer lebhaften Debatte war, an der auch Arthur sich betheiligte. Ich sah, daß er Geschmack und Urtheil habe und beauftragte ihn, das Bild anzukaufen.

Lord. Und welchen Gegenstand —

Esther. Cleopatra vor Oktavius Cäsar.

Lord. Cleopatra —

Esther. Sie war mir stets eine der fesselndsten Erscheinungen! Die Urkraft dieses Weibes, der ungebändigte Trieb freier Selbstbestimmung fanden stets in meiner Brust ein treues Echo! — O, ich freue mich auf das Bild!

Lord. Wie Du begeistert und aufgeregt bist!

Esther. 'S ist wahr. Das fährt mir so durch den Sinn, und Alles, was ich je darüber gedacht, steht wieder vor mir. Laß uns denn für diesen Abend bestimmen.

Lord. Willst Du mich in die Oper begleiten?

Esther. Nicht gern! Du weißt, ich liebe die Oper nicht.

Lord. So bestimme Du. — Aber da kömmt Arthur — und, wie es scheint, ist seine Mission glücklich vollbracht.

3. Auftritt.

Esther. Lord. Arthur.

Arthur (der eingetreten). Zu dienen, Mylord, vollkommen glücklich. — Mylady, man sprach zu wenig von diesem Bilde.

Esther (freudig). Sie haben es angekauft?

Arthur. Gewiß, und den Auftrag gegeben, dasselbe sogleich zu senden.

Esther (etwas bewegt). Ich danke Ihnen, Arthur — ich danke Ihnen! — Aber Sie weilten lange — sprachen Sie den Minister?

Arthur. Ich komme von dort.

Lord (gespannt). Nun, Sie wurden gut empfangen?

Arthur. Ueber alles Erwarten, Dank Ihrer Fürsprache, Mylord. — Der Minister, vollständig über meine Vergangenheit unterrichtet, gestattete mir in längerer Audienz den gegenwärtigen Zustand der Colonie nach eigener Erfahrung und Anschauung zu schildern. Meine Ansichten schienen Seine Herrlichkeit zu befriedigen, denn als ich mich zum Abschied erhob, drückten Sie den Wunsch aus, mich in der dortigen Militärverwaltung an einflußreicher Stelle thätig zu sehen. Ich war überrascht. So schmeichelhaft das Anerbieten für mich war, ich hatte Fassung genug, mir Bedenkzeit zu erbitten! — Ich habe ja nicht mehr das Recht, allein über mich zu verfügen.

Esther (rasch). Das war gut gethan, Arthur, sehr gut! —

Lord (beiseit). Es geht! — (Laut): Ich freue mich, Sie unter so günstigen Auspicien in den Gesichtskreis des Gouvernements treten zu sehen. Hier bemerkt sein, heißt befördert werden.

Esther (lächelnd). Und oft gegen seinen Willen!

Jonathan (tritt ein, eine Karte präsentirend).

Lord (nimmt). Lord Sternhill? Daß ich ganz auf ihn vergessen! Empfange ich den Lord hier?

Esther. Ich trage kein Verlangen, ihn zu sehen.

Lord (zu Jonathan). Führe den Lord in mein Kabinet, ich bin sogleich bei ihm. (Jonathan ab.) Du erlaubst also?

Esther. Wirst Du lange beschäftigt sein?

Lord. Nein, Du magst immer verfügen.

Esther. Was erfuhren Sie Neues, Arthur?

Arthur. Außer der ersten Aufführung einer deutschen Oper —

Esther. Wünschen Sie dieselbe zu hören?

Arthur. Mylady —

Esther. So besuchen wir die Oper, Henry. Theile es gleich Lord Sternhill mit.

Lord (verstimmt). Du wolltest vorhin —

Esther (scherzend, doch bestimmt). Vorhin ist nicht jetzt! Vergiß also nicht, uns zur Zeit abzuholen.

Lord. Adieu denn!

Esther (geleitet ihn). Adieu! (Lord ab.)

4. Auftritt.

Esther. Arthur.

Arthur. Mylord verließ uns in sichtbarer Verstimmung! Wenn ich denken müßte, daß ich —

Esther. Die Politik beschäftigt ihn. Sie ist es, welche mir den Gatten raubt und entfremdet — und mich mir selbst überläßt, mehr, als mir gut ist! — O, Arthur,

Sie wissen nicht, was ich litt, seit Sie uns verlassen! — Aber um so größer ist die Freude, Sie wieder hier, Sie wieder um mich zu wissen! —

Arthur (dringend). Und doch wissen Sie nicht, warum, Mylady —

Esther (unterbricht ihn). Ich will's nicht wissen! — (Leicht): Wozu auch! Sind Sie doch wieder hier — und jetzt — o jetzt dürfen Sie uns nicht wieder verlassen! —

Arthur. Ich muß es dennoch, Mylady —

Esther. Arthur —

Arthur (erregt). Hören Sie mich an — ich kann und will Ihnen nicht länger in falschem Lichte erscheinen! —

Esther (ablehnend, freundlich). Ich weiß, Arthur, was Sie befängt, weiß, was Sie mir sagen wollen. Ihr Aufenthalt in unserm Hause, der Anlaß zu Deutungen, die Sie verletzen könnten, Sie und mich — das wird sich ändern, Arthur, sobald Sie erst eine Stellung in London haben. Und dann, o, Sie sollen mich noch loben, Theil genommen zu haben an dem Werke Ihrer Zukunft! — Ihre Erfolge sollen mein Stolz, Ihr Glück der einzige Lohn meiner Bemühungen sein! — Drum vorwärts, Arthur, vorwärts lassen Sie uns blicken, nicht zurück! — Und nun (reicht ihm die Hand), treue Freundschaft, für jetzt und immer!

Arthur (betonend). Freundschaft, für immer!

5. Auftritt.

Vorige. Jonathan
(ist mit einem Bouquet und Briefen eingetreten, die Esther öffnet).

Arthur (vorn). Was soll ich thun? Ein inn'res Gefühl treibt mich fort, — und doch — ich that ihr Unrecht. Sie meint es gut, und ich muß ihr danken! — Und meine Verlobung mit Lucia — warum bringe ich das Wort nicht über die Lippen! (Jonathan reicht ihm Briefe.) Von Harrison — (rasch) und von ihr! —

Jonathan (zu Esther). Auch ist ein großes Bild angekommen —

Esther. Lasse es in das Bibliothekzimmer bringen. Dies Bouquet?

Jonathan. Brachte der Gärtner. Miß Lucia sende es Eurer Herrlichkeit —

Arthur (rasch). Lucia sendet es — (faßt sich): ah, wie schön! —

Esther (etwas befremdet, doch freundlich). Gefällt es Ihnen, Arthur? So wird Lucia mir nicht zürnen, wenn ich es auf Ihr Zimmer bringen lasse.

Arthur (wieder ruhig). Ich meinte nicht —

Esther (zu Jonathan). Besorge dies — und komme gleich zurück (Jonathan ab).

Arthur. Sie wollen nicht aufhören, mich zu beschämen, Mylady. Ich werde dahin gelangen, keine Aeußerung mehr zu wagen.

Esther (herzlich). Warum? — Ist denn die fröhliche Zeit unsrer Jugend, die Zeit unsrer kindlichen Freuden nicht wieder gekehrt? Sind wir nicht wieder Bruder und Schwester? (Hingegeben): O Arthur, wenn Sie lesen könnten, welche Wonne dies Wort in meiner Seele entzündet! Ja, eine Schwester will ich Ihnen sein, will Ihnen zur Seite stehen, treu und unverwandt, will Ihre Stirne glätten, wenn Sorge sie umdüstert, und unvermerkt eine stille Freude in Ihr Herz senken, zum Lohne für das Glück, zum Lohne für die Liebe, die mir durch Sie geworden!

Arthur (erschreckt zurücktretend). Glück — Liebe — nein, Mylady, nein, nicht diese Worte! — O, ich bin verwirrt — ich gehe, Mylady — ich gehe — das Bild aufzustellen (ab im Hintergrunde).

Esther (überrascht). Arthur! — (fährt sich über die Stirne, vor). Er hat Recht! — Seltsam ergreift es auch mich! — Ein Wirrniß beseligender Gefühle und ängstlicher Scheu drängt sich in meine Empfindungen! Ich bin wie ein Kind, dem eine neue, eine nie geahnte Welt vor dem entzückten Auge sich aufgethan! — (Bewegt): O gütiger Himmel, wahre mir dies Glück! Denn wenn

ich vor mir selbst einer Rechtfertigung bedarf, so ist es
der Dank, den ich Dir aus vollem Herzen dafür bringe!
— (Zu Jonathan, der eingetreten). Ich wollte Dir sagen,
wenn Lord Monford vergessen sollte, daß Du Dich bereit
hältst, uns zur deutschen Oper zu begleiten. (Arthur ist
eingetreten, Jonathan ab).

6. Auftritt.

Esther. Arthur.

Esther (befangen). Das Bild ist aufgestellt?
Arthur (ebenso). Ja! — (Fest) Da ich über den
Corridor ging, hörte ich, wie Mylord Befehl zum An=
spannen gab — Ihre eigene Anordnung erinnert mich —
ich vergaß vorhin, mich bei Eurer Herrlichkeit wie auch
bei Mylord für diesen Abend zu entschuldigen.
Esther (beunruhigt). Sie wollen uns nicht begleiten?
Arthur (beiseit). Muth! (Laut.) Schon bei meiner
Ankunft versprach ich einem Jugendfreunde, diesen Abend
im Kreise der Seinen mit ihm zuzubringen. Ich weiß,
daß mein Nichtkommen ihn äußerst betrüben würde.
Esther. Und wir? Sind Sie nicht unser Gast?
Arthur. Ich habe versprochen, Mylady.
Esther. Sie sprachen nicht davon. (Lebhaft.) Ar=
thur — wenn ich denken müßte, daß dies eine Ausflucht —
Arthur. Mylady —
Esther. Nein! Sie können selbst nicht so rasch
mir die Freude zerstören wollen. Ich hatte so sicher auf
Ihre Begleitung gerechnet. — Sehen Sie mich an, Ar=
thur — Sie wollen mich blos erschrecken! —
Arthur (verwirrt). Ich bedaure —
Esther (hält an sich). Ihr Freund wird entschuldigen.
Jonathan soll gleich — (Geht zum Schreibtisch.)
Arthur (rasch). Nein, Mylady! —
Esther (auffahrend). Arthur! — (Nach einer Pause.)
Es ist die erste Bitte, die ich an Sie richte — Sie ver=
sagen mir?
Arthur (abgewandt.) Ich muß! —

Esther (bitter). Sie müssen! — Und Ihre Freund=
schaft, die Sie mir soeben gelobt? O, wer mir das vor
wenigen Minuten gesagt hätte! Doch — gehen Sie, Ar=
thur, gehen Sie, wenn Sie müssen! —
Arthur. Mylady —
Esther (heftig). Und vergessen Sie, daß ich ein
Recht hatte auf Ihre Rücksicht, ein Recht auf Ihre Dank=
barkeit! — O Wahn einer Stunde — warum auch mußte
ich auf Erwiederung rechnen! —
Arthur (düster). Sie sind grausam, Mylady! —
Gewiß, meine Dankbarkeit soll mich Ihnen bis zum
letzten Hauche verpflichten — (frei) die Freiheit aber,
über mich selbst zu verfügen, darf sie mir nicht rauben!
— Ich werde Sie begleiten, Mylady, dann aber ver=
lasse ich Sie! —
Esther (angstvoll). Arthur — um Gott!
Arthur (fortfahrend). Ich muß fort aus diesem
Hause! Auch ich habe Blut und Sinne und könnte nicht
immer einstehen für mich selbst! Denn was Sie einen
Wahn nennen — er ist's, Mylady — ist es nicht seit
heute, nicht seit gestern! — Ich habe ihn getragen, jahre=
lang — und daß er mich nicht ganz verlassen, erfahre
ich in dieser Stunde! — (dringend) Drum, wenn nicht
jeder Augenblick ein Unglück reifen, ein Verhängniß brüten
soll — lassen Sie mich, und sei dies unser Abschied —
ein Abschied auf immer! (Tritt zurück).
Esther (tief ergriffen). Wohl — ich sehe, ich habe
kein Recht, Sie zurück zu halten — habe kein Recht, Ihnen
zu sagen, daß mein Glück, mein Friede mit Ihnen
scheidet! — Sei es denn — Gott wird mich stärken!
Und nur, wenn es möglich, wenn Sie mir dies noch
gewähren dürfen — heute nicht, morgen noch nicht —
damit ich mich wieder gewöhnen, der Zukunft Bild wie=
der auslöschen, alle Hoffnungen vertilgen — und langsam
die Fassung wieder erlangen kann, die mich jetzt so ganz
— so ganz verlassen — oh! — (Sinkt zusammen).
Arthur (stützt sie, sie nach dem Sopha führend). —
Mylady! (beiseit) Was soll ich beginnen? (laut) Kommen

Sie zu sich, theure Lady — o, das war die Meinung nicht!

Esther (erhebt sich an seiner Hand). Es ist gut — ich danke Ihnen, Arthur! — Also heute nicht — morgen nicht — o, lassen Sie mir Zeit — es ist ja meine letzte Bitte! —

Arthur (resignirt). Ich will sie nicht versagen!

Esther (lebhaft). Dank — für dies Wort, Arthur — (freier:) Und nun, nichts mehr davon! — Lassen Sie uns das Bild sehen — oder vielmehr — gönnen Sie mir den ersten Eindruck! — (Wankend ab.)

Arthur (allein, unbeweglich). Die Entscheidung naht — es gilt nur eine Frist! — Welch' entsetzlich Geschick! — Es ist klar, die Wahrnehmung eines Glücks, das sie verschmäht, die Entdeckung einer Neigung, die sie verkannt, rufen eine Leidenschaft in ihr wach, deren entfachender Funke auch in meinem Herzen glüht! O, das muß enden — muß! (Den Ton verändernd). — Lucia, theures Kind! Daß Du hier wärest, daß dein süßes Bild zwischen uns träte, und ich in deiner Liebe den Muth fände, den aufglimmenden Rest jener unseligen Neigung zu ersticken! — Aber es sei gewagt — heute noch! Ein offenes Geständniß soll uns Alle aus dieser Qual erlösen! —

7. Auftritt.

Arthur. Jonathan.

Arthur (zu dem eintretenden Jonathan). Jonathan? Was ist geschehen?

Jonathan. Die Gräfin —

Arthur. Nun?

Jonathan. Sie wankte soeben in das Bibliothekzimmer — ihr Blick fiel auf das Bild und ihr Antlitz in ihre Hände bergend — sank sie in den Sessel zurück.

Arthur (mit erzwungener Ruhe). Die Aufregung und — (beiseit) armes, armes Weib!

Jonathan. Darf ich Ihnen einen Rath geben, Mister Arthur?

Arthur. Das wäre?

Jonathan. Mylady's Vater war Ihnen zugethan. Wie oft habe ich Sie von Ihrer Mutter abholen und auf das Schloß bringen müssen —

Arthur. Ich erinnere mich — doch Sie meinten?

Jonathan. Mylord schrieb vorhin einen Brief, auf den ich warten mußte. — Indessen schien Lord Stern=
hill ein angefangenes Gespräch über Sie fortzusetzen —

Arthur. Ueber mich?

Jonathan. Es geschieht in guter Meinung, daß ich's erzähle. Er redete so hin, daß der Minister ein=
gewilligt, Sie in dringender Mission sofort nach Indien abzusenden.

Arthur. Das haben Sie gehört?

Jonathan. Soeben.

Arthur (bitter lächelnd). Sofort — und dringend? — Ich danke Ihnen, Jonathan. — Es war zum Greifen, ich hätte es sehen müssen, wenn ich nicht blind — nicht mir selbst entrückt wäre! —

Jonathan. Sie thäten d'rum besser, freiwillig —

Arthur. Jawohl, freiwillig —

Jonathan. Ich meinte es gut, denken Sie daran. (Geht ab).

8. Auftritt.

Arthur. Dann Lord und Sternhill.

Arthur (allein). Das will ich! — Ah, Sie miß=
trauen mir — mein schönthuender Oheim! Fühlen sich doch nicht sicher in Ihrem hohen Bewußtsein — der arme — einst so verachtete Arthur hält in seiner Hand Ihr Glück und Ihren Frieden! — Beruhigen Sie sich, und danken Sie Gott, daß mein Herz seinen Weg gefun=
den! Ich habe keinen Beweis Ihrer Liebe erwartet, und würde mich auch vor Ihrem Hasse nicht fürchten! —

Lord (links eintretend. Sternhill bleibt in der Thür). Sie sind allein — Arthur?

Arthur (rasch gefaßt). Mylady ist im Bibliothek=
zimmer. Ich war im Begriff, ihr zu folgen.

Lord. Ich halte Sie nicht zurück.

Arthur (lacht). 'Sist wahr, Mylord. Sie halten mich wirklich nicht zurück! Sie nicht! — (Geht ab.)

Lord. Was ist das? Sollte er Verdacht —

Sternhill (lachend vor). Ha, ha, ha, ein scharmanter Bursche, in der That! Ganz wie zu Hause! So lasse ich mir's gefallen! —

Lord. Ich konnte ihm bis jetzt keinen Mangel an Lebensart vorwerfen.

Sternhill. O, das gibt sich, Bester, das gibt sich! — Mit dem Bewußtsein des Einflusses wächst das Selbstbewußtsein! — Und nett, hübsch und gewandt ist er, das muß man sagen! Junges Blut, das Ideal eines Weiberromans! — Ich glaube fast, auch meine Julia ist auf Ihre Frau eifersüchtig!

Lord. Sternhill —

Sternhill. Nun, nun, es hat ja keine Gefahr mehr! Wie ich schon gesagt, der Minister hält Ihnen sein Wort, Mister Arthur wird vielleicht noch heute Befehl zur Abreise erhalten. —

Lord. Es thut mir leid — aber er will es selbst! Ich muß dem Minister danken.

Sternhill. Heute mir, morgen Dir, — Drum muß Einer dem Andern die Hand reichen! —

Lord. Sie gehen zu weit — (heftig) ah, wenn ich fürchten müßte! —

Sternhill. J, weil wir nicht fürchten wollen, d'rum sehen wir uns vor! Einen Hausfreund! Das glaube ich, daß diese französische Sitte unsern Frauen behagte! — Le ménage à trois — ja, ja, aber wir haben die Augen offen! (Da der Lord schweigt, für sich.) Wie ich ihm die Angst gönne! (laut) Adieu, mon ami, adieu! — Und nehmen Sie es nicht zu schwer — morgen bringe ich Ihnen weitere Nachricht!

Lord (mechanisch). — Auf Wiedersehen! —

Sternhill. Adieu! (Ab im Hintergrunde).

9. Auftritt.

Lord. Dann Jonathan.

Lord (allein). Erbärmlicher! — Und da stehe ich — wage nicht, ihn anzusehen, noch weniger, ihm zu entgegnen! — Aber sein Mittel ist gut. Arthur muß fort, sobald als möglich! — (Klingelt, Jonathan tritt ein.) Wo ist die Lady?

Jonathan. Mit Mister Arthur im Bibliothekzimmer.

Lord (erregt). Mit Mister Arthur! — Ich muß sie sprechen! — (Jonathan ab.) O, schon einmal versuchte er — doch Geduld, Geduld, mein Junge! Hätte ich darum für Dich gesorgt und das Andenken meiner Schwester in Dir geehrt, um wie einst an ihr nun auch an Dir zu scheitern? O, Du sollst mir nicht zum zweiten Male den Weg aus Indien zurückfinden! — (links ab.)

10. Auftritt.

Esther. Arthur. Jonathan (der die Thür öffnet).

Esther (ermüdet in das Sopha). Sie erinnern sich des Namens, Arthur?

Arthur. Ganz wohl. Wenn Sie erlauben, werde ich ihn aufschreiben (geht zum Schreibtisch).

Esther. Sie verbinden mich. (Zu Jonathan): Du geh'st also nach dem Ausstellungsgebäude, erfrägst dort die Adresse des Malers, dem Du diese Einladungskarte (Arthur überreicht dieselbe) zu unserem nächsten Gesellschaftsabend überbringst. So — und vergiß nicht, Dir die Adresse genau aufzuschreiben.

Jonathan. Zu dienen, Mylady! (Ab.)

Esther. Ich will ihn kennen lernen, will seiner Zukunft die Wege ebnen, und, bedarf er meiner, ihn unterstützen! —

4

Arthur (wie Esther, sehr befangen). Wenn ich einen Rath wagen dürfte, Mylady —

Esther. Einen Rath —

Arthur. Ohne ihn zu kennen, führen Sie den Künstler Ihrer Gesellschaft zu. Wenn Sie sich nun getäuscht, wenn Ihre Erwartung von der Erscheinung dieses Mannes sich nicht erfüllt, und Sie ihn dann, den Sie um einer Laune willen aus seinem Dunkel emporgehoben — um einer Laune willen dahin zurückstoßen — war Ihre Wohlthat nicht Grausamkeit?

Esther. Was veranlaßt Sie, Arthur —

Arthur. Ich kenne Fälle, wo diese vorübergehende Theilnahme dem armen Günstling zum Verderben geworden! —

Esther (steht auf). Mein Vorsatz steht fest! Daß er sein Genie Cleopatra geliehen, zeigt ihn mir als echten Jünger der Kunst, die nur dem Edlen dienen soll! — Und sie war edel — und bloß weil sie ein Weib, treffen Hohn und Schmähung ihren Namen! (Lebhafter:) Mich aber soll man nicht hindern, das Loos des Weibes zu beklagen, der Frauen mit Füßen getretenes Recht zu vertheidigen! Unerfahrenheit und mit Absicht gepflegtes Vorurtheil führen sie in die Arme des Mannes, der ihrer unwerth und den sie nicht liebt! — Ach, und wenn die Täuschung ewig wäre — wenn ein Glück sich erträumen ließe! Doch unabänderlich soll ihr Loos bestimmt, unauflöslich ihre Kette geschmiedet sein — die Welt hat sich ihr zum Richter gesetzt! — O, und kennt doch den Schmerz ihres Herzens; die Sehnsuchtsqualen ihrer Seele nicht — mahnt sie an ihre Pflicht, ohne um ihr Recht gefragt zu haben! —

Arthur (ohne Theilnahme). Ein traurig Loos! Wehe, wen es trifft!

Esther. Jawohl — wehe! Doppelt wehe, wenn die Kraft nicht ausreicht, die schmachvolle Kette zu zerreißen und — der Welt zum Trotz — sein eigener Richter zu sein! —

Arthur. Und nur das Weib trüge diese Fessel — und nur dem Weibe wäre sie ungerecht? Nein, Mylady.

Aeußerer Reiz, Rang, Reichthum und die Vorzüge der Geburt sind auch die Götzen seiner Anbetung! — Umrauscht vom Glanz der Feste, vom Weihrauchduft der Schmeichelei betäubt — wo nähme die Erbin irdischer Güter sich Zeit, ihr eigenes Herz zu fragen und den schüchternen Blick des Jünglings, der arm und unbeachtet ihr doch einzig seines Herzens Andacht geweiht! — So trage denn Jeder sein Schicksal, er trägt nur seine eigene Schuld! —

Esther. Dies wäre ein Vorwurf, Arthur?

Arthur. Nein, nur eine Erinnerung! — Wer wurde nicht getäuscht? — Träumten wir doch Alle einst Freundschaft, Liebe, Glück —

Esther (bitter lächelnd). Liebe — auch Sie?

Arthur. Auch ich! —

Esther (lebhaft). Sie liebten?

Arthur. Ich habe geliebt! — geliebt mit der vollen Gluth einer ersten Empfindung! O, und sie war schön, schön wie die Engel Gottes, glanzvoll und strahlend wie sie! — Der Anmuth Huld, der Freude lieblicher Schimmer thronte auf ihrem Antlitz, aber in ihrem Herzen wohnte der Stolz, Hohn und Verachtung auf ihren Lippen! Dennoch betete ich sie an, dennoch wagte ich zu hoffen —

Esther (gespannt). Zu hoffen?

Arthur. Sie stand zu hoch! Vorüber waren die schönen Tage der Kindheit, mit ihnen vorüber die Gleichheit der Empfindungen, der Zusammenklang unsrer Seelen! Der Sohn des armen Officiers wagte der reichen Lady, der Herrin höchster Rechte, sich in Liebe zu nahen. Verächtlich Schweigen war der Lohn seiner Kühnheit — er hatte Duldung für Neigung gedeutet! —

Esther. Und Sie gestanden Ihre Liebe, Arthur? O, sprechen Sie weiter, Sie gestanden Ihre Liebe?

Arthur. Ich that's!

Esther. Nein, es ist nicht möglich — nein, das thaten Sie nicht! —

Arthur. Ich that's! Verführt von trügerischen Zeichen, wagte ich's — o daß der Augenblick meiner höchsten Hoffnung der Vorwurf meiner tiefsten Erniedrigung werden sollte! —

Esther (sehr erregt). Ihre Worte sind mir ein Räthsel! Ich ahne ihren Zusammenhang — aber ich verstehe sie nicht! Und doch sprechen Sie von uns'rer Vergangenheit, von mir, von Ihrer Liebe — o weiter, weiter, Arthur — es ist so?

Arthur. Es ist so! Sei es das Letzte! Sei es die Strafe für den Wahnsinn jener Stunde, die mir ein Geständniß entrang, das meinem Herzen fremd war! Denn nur die Verblendung, die mich dasselbe einem Briefe vertrauen ließ —

Esther (aufschreiend). Geständniß — Brief — Arthur — Sie reden irre — oder ich ward betrogen — unerhört betrogen! —

Arthur. Mein Gott, was soll das? — Mylady — Sie wissen nicht? Und daß ich deshalb nach Indien, daß ich — (fährt sich an die Stirn) ah, nun wird mir's klar, entsetzlich klar — o Verzeihung, Verzeihung, Mylady! —

Esther (gegen ihn). Arthur — (gefaßter) ja, nun sehe auch ich — langsam sinkt der Schleier — bebend erkenne ich — o Arthur, darf ich, kann ich es glauben? Ein Zufall — ein tückischer Zufall nur — und Liebe, Liebe war das Wort meiner Zukunft? (Lord tritt auf von links.)

Arthur (befangen, rathlos). Was soll ich sagen — wie mich erklären? Verwirrt und beschämt stehe ich vor Ihnen — meine Bitte bleibt, Verzeihung, Mylady! — Verzeihung für das Unrecht, das ich Ihnen gethan! Geblendet wie jetzt, floh ich — o, und hätte nie, nie wiederkommen sollen! —

Esther (traumhaft beglückt). Arthur! O, mein Herz ist voll, es kann das Uebermaß so rasch nicht fassen! Ich habe geschlafen und bin erwacht! Nacht war es um mich — nun traf der Strahl des Lichtes mein Auge, geblendet schließt es sich wieder — gönnen Sie, o gönnen Sie mir den seligen Augenblick, lassen Sie mich ihn wortlos genießen! —

Arthur (verzweifelnd). Heilige Macht des Himmels, was beginne ich? — Ich rufe die Hoffnung auf, und drohend schließt die Zukunft mir die Thore! — Mylady — (faßt ihre Hand, ihr zu Füßen sinkend): Verzeihung, Verzeihung, Mylady! — Eine entsetzliche Täuschung — o, lassen Sie mich fliehen, noch diesen Augenblick lassen Sie mich entfliehen! —

11. Auftritt.

Esther. Arthur. Lord.

Lord (wenig vortretend). Nicht eher, hoff' ich, bis Sie mir Genugthuung gegeben! —
Esther (auffahrend). Henry! —
Arthur (gefaßt). Mylord! —
Lord. Ich kam zur schlimmen Stunde. — Wohlan, ich will keine Aufklärung. Gehen Sie, Mister Lindsay, wir sehen uns an einem andern Orte wieder! — (tritt zur Thüre zurück, Arthur ihm gegenüber).
Arthur. Wohl kamen Sie zur schlimmen Stunde, Mylord! Es war besser für Sie, wir trafen uns nicht mehr! —
Esther (mit Ansehn). Sie bleiben, Arthur! —
Arthur. Nein, Mylady! — Mylord, im nächsten Hôtel erwarte ich Ihre Verfügung! — (Geht ab.)
Esther (eilt ihm nach). Arthur! — (Lord will gegen sie, ihn abweisend): Jetzt nicht — nein, hinweg — daß ich mich nicht selbst vergesse! —

Der Vorhang fällt rasch. Kurzer Zwischenact.

Vierter Aufzug.

Saal im Palais Monford. Zwei Thüren im Hintergrunde, eine Thüre rechts. Nahe derselben ein Tisch. Vorn links Kamin, Sopha ꝛc. Abend des Tages vom vorigen Aufzug.

1. Auftritt.

Esther. Jonathan. Dann Simon. Lord.

Esther (mit Jonathan im Hintergrunde). Wenn meine Worte ihn nicht bewegen, versuche Du, was Du über ihn vermagst! Sein eigenes Glück, die Ruhe meines Lebens hängen an dieser Stunde! — Geh' denn, mein Freund, ich muß ihn heute noch sprechen! (Jonathan ab. Vor.) Sei dieser Tag uns'res Lebens Wendung! Noch weiß ich nicht, wie sich's vollenden werde, vollenden aber muß sich's! — Ich kann nicht fortleben in dieser Qual, in der unerlaubten Sehnsucht nach einem Glück, das wie ein Traum an mir vorüberging, und das mir nun ewig unerreichbar werden soll. — (Simon tritt rechts ein.) Lord Henry kommt?

Simon. Mylord bittet —

Esther (lebhafter). Gut, ich erwarte ihn! (Simon ab.) Mag sich's denn lösen, ich bin gefaßt auf gut und schlimm! — (lehnt sich an das Kamin.)

Lord (von rechts. Sichtlich bewegt.) Esther — (Bewegung Esthers.) Verzeih' — ich ließ Dich bitten.

Esther. Es war mein Wunsch. Du kamst ihm zuvor —

Lord. Ich wollte warten, bis Du gewillt, ein ruhig Wort anzuhören. (Pause.) Ich war vorhin zu rasch —

Esther. Daß Du es erkennst —

Lord. Vergib mir — ich habe Dich beleidigt! Das war nicht mein Wille — ich kam nur, Dich zu warnen! —

Esther. Vor Arthur?!

Lord (erregter). Vor ihm, den ich zu Deinen Füßen fand! — Urtheile selbst, ob meine Ehre, ob die Empörung des Augenblicks —

Esther. Deine Ehre — und ich? Bin ich so verworfen, daß Du es wagen darfst, gleich einer Dirne mich vor mir selbst zu erniedrigen? Es war ein frevelhaft Beginnen, Henry — mit kühner Hand grifffst Du in unser Leben — möge nie die Stunde der Reue für Dich kommen!

Lord. Höre mich, Esther, eh' Du mich verdammst! — O, daß ich meinem Sinne gefolgt und Dir schon damals, da Arthur es zuerst gewagt, mit frechem Antrag sich Dir zu nahen, den Hergang vertraut — ich hätte Dir und mir die heutige Scene ersparen können! —

Esther (aufmerksam). Damals — ich verstehe Dich nicht —

Lord. Vernimm denn heute, und möge ein Unrecht sich in dem andern sühnen! — Sei es, daß die einstige Güte Deines Vaters, Deiner Mutter Duldung oder Deine eigene Freundlichkeit ihn kühn gemacht — schon damals, ich war kaum in Monford angekommen, wagte er, auf' Dich zu hoffen und einem Briefe an Dich ein glühendes Liebesgeständniß zu vertrauen.

Esther (ihrer Erregung mühsam Herrin). Was hör' ich? Auch Du? — Und — dieser Brief —

Lord. Fiel in die Hände Deiner Mutter. Sie wollte Arthur zur Rede stellen — doch die Rücksicht, daß er unsres Blutes Verwandter und meiner armen Schwester Sohn, ließ mich den Rath ertheilen, den Brief ohne Aufsehen zu vernichten! —

Esther (losbrechend). Vernichten, ohne Aufsehen — und ich — o mein Gott, daß Du mir das gethan! —

Lord. Es geschah in guter Absicht —

Esther. In guter Absicht für Dich! — Grausames Spiel des Schicksals, Du selbst, — Henry, o Du weißt nicht, was Du thust! —

Lord. Ich bin erstaunt, Esther — besinne Dich.

Esther. Auf Deinen Rath! Und ich wagte nicht, daran zu denken, wagte nicht, die Hoffnung aufzunehmen in mein Herz; — und meine Mutter — Du, das eine Wort, das mich zum glücklichsten Geschöpf dieser Erde, zum beneidenswerthesten Wesen gemacht — das eine Wort — vernichtet!

Lord (außer Fassung). Esther —

Esther. Wahnsinniger Betrug, der sich mir zu spät enthüllt! Noch hoffte ich Ruhe zu finden — wollte entsagen, es hinnehmen wie ein unabänderlich Geschick! Sei es denn, wie Du gewollt! — Und kann auch keine Macht der Erde mir eine Stunde der verlorenen Seligkeit zurückkaufen — mein Herz ist wieder frei, Du selbst hast die Bande zerrissen, die Du einst so klug zu verknüpfen mußtest!

Lord. Ist es denn möglich, Esther —

Esther. O, ich sehe Dir auf die Seele, falscher, selbstsüchtiger Mann! Sehe klar, was Du gewollt und was Du erreicht! Aber wenn nur ein Funke der Liebe, die Du mir so oft geheuchelt, ein Hauch nur Deiner Ergebenheit Wahrheit ist, Henry — diese Stunde muß uns trennen! —

Lord (schmerzlich). Trennung — Esther — o, wüßtest Du, wie ich Dich geliebt, wie ich Dich noch liebe, dies Wort durftest Du nicht sprechen! — Aber noch fühle ich die Kraft, auch dies zu überwinden, fühle Kraft für uns Beide! — Dein Herz hat sich verirrt, Esther, Dein Sinn ist getrübt — bedenke, es ist unsre Ehre, die Du unter die Füße trittst!

Esther. Unsre?

Lord (fortfahrend). Zwar wage ich nicht, der Möglichkeit in's Auge zu sehen — will's nicht glauben, daß unsre Vergangenheit ein Trug und daß Dein Herz mir auf ewig verloren sei! Dennoch — wäre es so — und ich fühle die Wucht dieser zermalmenden Erkenntniß — wäre es so — ich bin entschlossen, sie zu tragen, und sollten Seele und Leib darunter zu Grunde gehen!

Esther. Laß die großen Worte — eine Entscheidung, Henry! —

Lord. Du wirst sie vernehmen! — (Simon tritt ein, Lord zu ihm): Was ist?

Simon. Wie Eure Lordschaft befohlen — der Notar, Mister Hartwell —

Lord. Er ist hier?

Simon. Zu dienen!

Lord. Gut, sogleich! (Simon ab; ruhig.) Und nun höre mich an. Da ich noch all' das Glück, das mir im Leben geworden, Dir zu danken hatte, da ich im Bestreben, auch Dich nach meinen Kräften glücklich zu machen, mich Deinen Launen fügte und Deiner oft harten Art — da war es ein and'res! — Du hattest ein Recht auf Nachsicht — Du hast es heute nicht mehr! Verbanne d'rum jeden Gedanken an eine Trennung — er ist ein Verbrechen an unsrer Ehre — ja, unsrer Ehre, die nur eine ist und an deren reinem Glanze ich auch nicht den leisesten Makel beleidigender Vermuthung dulden will! — Thue nun, wie Du kannst — ich aber gedenke nicht eines Haares Breite von meinem Rechte zu lassen! — (Geht rechts ab.)

Esther (allein, betroffen.) Dein Recht? Und ich? Das Recht meiner Liebe, das Recht meines Herzens? — Du drohst mir — glaubst mich zu beugen — o, fürchte Dich, Henry, fürchte mich! Auch ich bin stark — wir wollen sehen, wer im Kampfe besteht! —

2. Auftritt.

Esther. Jonathan (aus dem Hintergrunde).

Esther (diesem entgegen). Arthur kommt?

Jonathan. Er kommt!

Esther (erleichtert). Ich danke Dir!

Jonathan. Ich fand ihn, wie ich vermuthet. Man wies mich auch gleich zu ihm. Simon hatte schon nach ihm gefragt. Auch lag auf seinem Tische ein geöffneter Brief, in dem ich deutlich die Handschrift Mylords erkannte!

Esther (vorn). Seine Forderung! Ah, nun gilt's! — Doch wo beginnen und wie? — Rettung, Freiheit — nur rasche Flucht kann sie uns bieten!

Jonathan (schüchtern). Mylady — Mylady frugen mich nicht nach dem Maler. Ich hatte ihn schon vorhin aufgesucht — ein hübscher, lieber Mensch — läßt seinen heißesten Dank sagen und wird nicht ermangeln —

Esther. Der Arme — auch das ist vorbei! Doch finde ich wohl noch Gelegenheit, seiner zu denken! Jetzt aber — Jonathan —

Jonathan. Mylady —

Esther. Tritt näher, mein Freund! Seit meine Augen das Leben sahen, kennen sie Dich! Stets warst Du Liebe und Treue für mich — zeige mir nun, ob Liebe und Treue sich in Dir bewähren.

Jonathan. Sie zweifeln, Mylady —

Esther (mit Ueberwindung). Ich verlasse London — England — für immer! Fliehe mit Arthur nach Indien. Willst Du uns begleiten?

Jonathan (erschreckt). Mit Mister Arthur —

Esther (rasch). Du besinnst Dich?

Jonathan. Nein, o nein, Mylady — wie sollte ich —

Esther. Wir kehren nicht wieder zurück! Mangel und Noth können uns drohen — Du bist alt, Jonathan — überlege —

Jonathan. O, ich bin jung genug, meiner Lady bis an's Ende der Welt zu folgen!

Esther. Du willst? So ist's gut — und ich danke Dir! Verpacke denn eiligst das Nöthigste! Gehe sodann, oder vielmehr sende nach dem Hafen, Dich um die Abfahrt des nächsten Schiffes nach Deutschland oder Frankreich zu erkundigen. In wenigen Stunden muß Alles bereit sein — geh', und wenn Du meiner bedarfst, findest Du mich auf meinem Zimmer! — (Jonathan ab).

Esther (allein). Nun ist mir leicht und wohl — o, wie glücklich wollen wir sein! Denn nun darf ich seiner Liebe mich freuen, darf ihn meinen Gatten nennen, frei vor der Welt, vor Gott und mir selbst! (Geht nach der Thüre.) Wenn er es wäre — wenn er käme — jetzt — ah, Sir John —

3. Auftritt.

Esther. Harrison.

Harrison (eintretend). Verzeihung, Mylady — ich hätte es nicht gewagt — aber ich komme von Arthur —

Esther (gefaßt). Von — sprechen Sie, Sir —

Harrison. Ich kam mit Lucia vor einer Stunde hier an. Wir wollten sogleich hierher — zum Glück begegnete mir Jonathan auf der Schwelle. Mit wenigen Worten theilte er mir das Geschehene mit — unter einem Vorwand bringe ich Lucia zu unseren Verwandten — und stehe nun hier — Sie zu bitten, Mylady — mir zu erklären, wie das Alles geschehen, wie das Alles hat kommen können!

Esther. Sie sprachen Arthur?

Harrison. Ja — und nein. Der Junge ist ja wie verwandelt! Kaum, daß er aufsah, als ich eintrat, so saß er da — starrte vor sich hin und gab mir weder Antwort auf meine Fragen, noch wußte ich sonst ein Wort aus ihm heraus zu bringen. Ich wäre auch mit meinem Kinde wieder zurück — möchte aber doch wissen —

Esther (zerstreut und unruhig). Sie? Und ich weiß selbst nicht — o, daß er endlich käme! —

Harrison (verletzt). 'S ist wahr, Mylady — nöthig ist's eigentlich nicht! Es wäre mir am liebsten, wenn ich mich gar nicht d'rum zu kümmern brauchte! Aber das arme Kind — ich könnte mir vor den Kopf schlagen, ich alter Thor, daß ich's nicht habe erwarten können!

Esther (die hinaushorcht). Endlich — ja, er ist's! — (Arthur entgegen, der eintritt.) O Dank, Dank, daß Sie gekommen, Arthur!

4. Auftritt.

Esther. Harrison. Arthur. Dann Jonathan.

Arthur (düster). Danken Sie mir nicht, Mylady. Ihr Wunsch und meine Pflicht — (ruhig) — Sie hier, Sir John? Ich dachte nicht —

Harrison (einfallend). Mich noch einmal zu treffen! — Glaub's wohl — doch, beruhigen Sie sich, ich werde nicht stören. Ich nehme mein Kind, und kehre nach Monford zurück! — (Etwas bewegt.) Nur daß Sie nicht wieder wagen, beim heiligen Georg — (Hält inne) Verzeihung, Mylady! — Und wenn ich hundert Jahre leben sollte, ich werde mir die Dummheit nicht vergeben! (geht ab.)

Esther. Was soll's? Ich verstehe nicht —

Arthur. Auch das vorüber! — Fahre denn hin, süßes Bild meiner Hoffnung, fahre hin! —

Esther. Nicht diese Sprache, Arthur. Vergessen Sie, was geschehen! —

Arthur. Vergessen? — Nein! Ich habe Ihren Frieden gestört — mit meinem Blute hoffe ich's zu sühnen! —

Esther (ängstlich). Henry hat seine Forderung erneut?

Arthur. Er ließ mir die Wahl des heutigen oder morgigen Abends. Ich wählte den heutigen?

Esther. Diesen Abend?

Arthur. Diesen Abend. Es wird rasch entschieden sein! —

Esther. Und das sagen Sie so ruhig, so leicht — aber es ist ja nicht möglich! Sie wissen nicht, was ich erfuhr — Henry hat kein Recht — er darf es nicht wagen — Sie sind der Beleidigte, nicht e r! — O, auf meinen Knieen beschwöre ich Sie —

Arthur (hindert sie). Mylady! — Wozu das Unvermeidliche beklagen! Oder soll ich vor ihn hintreten, und ihm erklären, daß wir uns getäuscht? Daß ich mir sein Verzeihen erbitte? Nein! — Lord Henry glaubt sich durch mich beleidigt — ich habe nur noch meine Pflicht zu thun! —

Esther. Pflicht — Pflicht — und kein ander Wort! — Und Ihre Liebe, Arthur?

Arthur (ablenkend). Sie sprachen den Lord?

Esther. Ja! Jener Brief, dem Sie einst Ihr Geständniß vertraut, und den der neidische Himmel meinem Auge verbarg — er hat ihn vernichtet! —

Arthur (überrascht). Lord Henry — er, und immer e r! Damals schon, und heute wieder! Allmächtiger Gott, ich sehe deine Hand —

Esther. Sie segnet uns, indem sie die Pläne uns'rer Feinde vernichtet! — Und nun, Arthur, Ihren Rath — was beschließen Sie?

Arthur. Ich — o, Nichts, Mylady — ich beschließe nichts! Ich habe vergebens gesucht, mich dem Schicksal entgegen zu stemmen — es ist stärker als ich! Möge die Dankbarkeit, die ich Ihnen schulde, über mich verfügen! —

Esther (mit Ahnung). Dankbarkeit? — Arthur — o, wenn ich mich getäuscht!

Arthur (einfallend). Nicht mehr — ich bitte! —

Esther. Ich schrecke mich selbst! — Sie haben Recht — könnte ich doch nicht leben, wäre es so! — Und darum, lassen Sie uns fliehen, Arthur, fliehen, wohin Sie wollen, ich folge Ihnen! Ach, es war einst die stille Hoffnung meines Herzens — und preisen will ich Gott, erfüllt sie sich heute! — Sie willigen ein,

Arthur? (Bewegung Arthurs) Auch habe ich schon Alles zur Abreise bereiten lassen! — (Jonathan tritt ein) — Jonathan, der uns begleitet, wird Ihnen Nachricht bringen. (nähert sich Arthur, der gedrückt steht) Muth, mein Freund, Muth! — Ein neues Leben lacht unsr'rer Hoffnung — lassen Sie es uns mit Vertrauen beginnen! (reicht ihm die Hand) Auf Wiedersehen, Arthur! (rasch sich wendend, ihre Bewegung zu verbergen.)

5. Auftritt.

Vorige. Lucia tritt ein.

Esther. Was seh' ich, Lucia? —

Lucia (sinkt der Lady zu Füßen). O, Mylady —

Esther (hebt sie auf). So bewegt, mein Kind?

Lucia (gefaßter). Verzeihung, Mylady. — Ich suche meinen Vater —

Esther. Er war hier. — Arthur, ich sende sogleich (küßt bewegt Luci's Stirn). Leben Sie wohl, mein liebes Kind! (Links ab. Jonathan folgt ihr.)

Arthur (rasch). Lucia — Sie? — O, mein guter Engel ist's, der Sie mir sendet! —

Lucia. Was ist geschehen, Arthur? Ich höre und sehe — und kann es nicht fassen! Die Angst schnürt mir das Herz zusammen! — Mein Vater kam zu mir — außer sich und aufgebracht über Sie! — Ich sollte sogleich mich fertig machen zur Rückreise, zur raschen Hochzeit mit meinem Vetter! Und als ich nach Ihnen frug, drohte er mir, wenn ich je wieder an Sie dächte! Meine erste Regung war — ich mußte Sie sehen — und nun, o erklären Sie mir, ich weiß nicht, was ich denken soll! —

Arthur (faßt ihre Hände). Lucia — theures, geliebtes Wesen! — Daß ich Ihnen sagen könnte, wie mir um's Herz ist! — Denn nun, da Sie wieder vor mir stehen — o, wir müssen scheiden, Lucia!

Lucia. Ich wußte es wohl, die Lady —

Arthur. Sie ist unglücklich wie wir! Verflochten

in ihr Geschick, habe ich kein Recht, sie über den wahren
Zustand unf'rer Herzen aufzuklären —

Lucia. Aber ich habe dies Recht! Ich gehe zur
Lady, mir wird sie glauben! O, zu ihren Füßen will
ich ihr gestehen, daß ich Sie liebe, daß Sie mich wieder
lieben —

Arthur (rasch). Unmöglich, Lucia, unmöglich!
Zu viel geschah, zu rasch kam das Verhängniß über uns
— durch müssen wir, es ende wie es wolle! —

Lucia. Und ich — Arthur?

Arthur. Vergessen Sie mich! Vergessen Sie den
Traum, der wie ein Strahl unerreichbaren Glückes in
unf're Seelen fiel! — (sehr bewegt.) Werden Sie glück=
lich, Lucia — glücklicher als ich! — (wendet sich weg.)
Mich aber überlassen Sie meinem Geschick, das sich bald
an mir erfüllen wird!

Lucia. Und ich sollte, ohne nur zu versuchen —
nein, Arthur — nein, — (will gegen ihn. Harrison erscheint in der Thür, diesem an die Brust). O, mein Vater! —

6. Auftritt.

Vorige. Harrison.

Harrison. Nun ja, ich dacht's ja gleich! Aber
nun komm, und sei klug, mein Kind! — Du siehst ja,
Mister Arthur bleibt bei der Lady. — Er wird sie hei=
rathen, und damit kein Hinderniß ist, wird er sich zuvor
mit dem Lord duelliren!

Lucia. Mit dem Lord? Arthur, das sagten Sie
mir nicht!

Harrison. Hat er Dir es nicht gesagt? Ich
glaub's wohl. Wir hätten das nicht wissen dürfen,
vielleicht, daß er auch Dich —

Arthur (rasch). Sir John —

Harrison. Lassen Sie's gut sein, Mister Arthur
— und möge Gott Ihnen verzeihen — aber edel war es
nicht — und dankbar auch nicht, für Alles, was ich an

Ihnen gethan — nur so, im Vorbeigehen, dem armen Kinde das Herz zu brechen!

Arthur. Sie wissen nicht, Sir.—

Harrison. Ich weiß genug! Natürlich, man hat sich gesichert! Aber da sich's nun macht, und die reiche, schöne Lady, die glänzende Dame, selbst die Hand bietet —

Arthur. Genug, Sir — schmähen Sie nicht, was Sie nicht verstehen! — Achten Sie den Namen einer Frau, deren Geschick Ihnen ewig unverständlich bleiben wird! —

Harrison (zu Lucia). Hörst du? — Nun ja, was geht's auch uns an! Komm, mein Kind — komm!

Lucia. Unmöglich — nein, Arthur, nein, Sie schießen sich nicht? —

Harrison. Lucia — zu mir! —

Lucia. O, sagen Sie nein — und ich will gerne gehen! Nur diesen einen Beweis noch, ich kann es ja nicht glauben! —

Arthur (resignirt). Es ist so — Lucia —

Lucia (gegen Harrison). O, dann bin ich verloren!

Harrison. Muth, mein armes Kind, Muth! — Wir werden auch das überleben! Das ist nun einmal so in dieser Familie — sein Vater hat es auch so gemacht! —

Arthur (gespannt). Mein Vater? Was —

Harrison (zu Lucia). Erst hat er des Lord Schwester entführt — und sich dann mit ihm duellirt!

Arthur. Sir John — Sie lügen! —

Harrison. Der Ausgang hat's gezeigt! Es hat ihm das Leben gekostet! —

Arthur. Meinem Vater — der Lord — (außer sich) es wäre möglich, und ich sollte dies erst heute erfahren — heute — und — (birgt sein Gesicht) meine Mutter, o meine arme Mutter! —

Harrison (weich). Jawohl, sie hat es büßen müssen, was der stolze Mann gesündigt! —

Arthur (flehend). Gnade, Erbarmen, Sir John, nein, es ist nicht so — o sagen Sie selbst, es ist ja nicht zu denken! Mein Oheim der Mörder meines Vaters! —

Harrison. Nicht sein Mörder — sein Richter —

Arthur (aufschreiend). Richter? Ja, dann ist's wahr — und dann ist's auch gut! — Sein Richter! Dank, Dank Dir, gütige Allmacht, für diese Fügung! Sein Richter! Wie heißt's in der Schrift? Richtet nicht, auf daß ihr nicht gerichtet werdet! O, und ich wankte schon, nur eines Wortes hätte es bedurft, und ich trat zurück! Sein Richter! Wohlan, Mylord Oheim, Sie selbst boten das Mittel! — O, nun bin ich frei, nun ist mir wohl — meine Hand ist geweiht — sie wird nicht zittern — richten wird sie den Richter! —

7. Auftritt.

Vorige. Lord.

Lord (von rechts, mit einem Pistolenkästchen, das er auf den Tisch stellt). So laut? Welche Stimme? Sie hier, Mister Lindsay — und Sir John?

Harrison. Verzeihung, Mylord — ich kam nur, mein Kind zu holen — gehen wir, Lucia! —

Lucia. Ich kann nicht, Vater! Sie haben seine Worte gehört — ich kenne dies Kästchen vom Schlosse es sind Waffen darin. — O, haben Sie Erbarmen, Mylord — Erbarmen mit mir! Wie es auch sei, ich weiß, Arthur ist unschuldig — er liebt die Lady nicht — er hat sie ja mir verlobt — mir — und er liebt mich, wie ich ihn liebe! — Nehmen Sie das Kästchen zurück, Mylord — ich stelle mich zwischen Sie. Sie dürfen sich nicht mit Arthur schießen!

Arthur (hält sie zurück). Lucia, bei Allem —

Lord (zu Harrison). Was soll das bedeuten?

Harrison. Es ist so, Mylord. Ich hatte die Schwachheit, jawohl, kürzlich, da Eure Lordschaft aus Monserd schieden —

Arthur (dazwischen tretend). Keine Vertheidigung, Sir John — Lord Monford hat kein Recht dazu! —

Lord. Sie wagen —

Arthur (einfallend). Ich stehe Ihnen Rede, sogleich! (zu Lucia) Gehen Sie, Lucia, gehen Sie mit Gott. Wir sehen uns ja wieder! — Doch diese Stunde —

Lucia. Arthur —

Arthur. Süßes, geliebtes Mädchen! — O, der Strahl dieses Auges wird mich umglänzen, mich schützen und segnen! Gehen Sie, Lucia, der Gott der Liebe wird mit uns sein! — (geleitet sie zur Thüre.)

Harrison (gerührt). Das erkläre sich Einer! Der Junge — ich weiß nicht (wischt sich die Augen) um Vergebung, Mylord — ich selbst, um Vergebung! — Komm komm, mein Kind! (Ab mit Lucia.)

8. Auftritt.

Lord. Arthur.

Lord. Werde ich nun erfahren?

Arthur. Sie haben kein Glück, Mylord! Wo wir uns trafen, traten Sie mir entgegen, doch wo Sie mich hindern wollten, förderten Sie mich. Nun aber —

Lord. Ich frage —

Arthur. Ich frage, Mylord! Wer hat meinen Vater getödtet?

Lord (bestürzt). Was soll das —

Arthur. Wie das Bewußtsein dieser feigen That sich auf Ihren erschreckten Zügen malt! Aber Sie werden mir Rechenschaft geben, Mylord!

Lord (außer Fassung). Wenn Sie es wissen —

Arthur. Ich weiß jetzt, wie ich meinen Vater verlor! Sie waren sein Mörder!

Lord (schaudernd). Nein!

Arthur. Sein Mörder, Mylord!

Lord. Freveln Sie nicht, Arthur! Ich that, was ich mußte, was Sie gethan hätten an meiner Stelle!

Er hatte mir die Schwester geraubt und sie entführt — ich mußte ihn fordern —

Arthur (einfallend). Mußten ihn tödten — das stand so in Ihrem Begriff! Edelmännische Art, auf die Sie sich stets zu Gute thaten! Doch der Himmel hat entschieden. Wie einst meinem Vater, stehen Sie heute mir gegenüber — Tod oder Leben, Mylord, denn ich ford're sein Blut von Ihnen! —

Lord. Noch einmal, Sie irren, Arthur! Und wenn mir auch unbegreiflich erscheint, was ich soeben gesehen — lassen Sie mich Ihnen erklären, Arthur —

9. Auftritt.

Vorige. Esther tritt von links ein. Jonathan von rechts.

Esther (an der Thüre). Arthur noch hier?

Jonathan (ein Schreiben übergebend). An Mister Arthur Lindsay — aus dem Ministerium. (Geht ab.)

Arthur. Was soll's — (hat geöffnet) ah, Mylord, Ihr Werk! Ich soll noch heute nach Indien! — Aber ich eile sogleich zum Minister — und — muß ich fort, Sie wissen, wo ich Sie zuvor erwarte! — (Geht ab.)

Esther (vor, enttäuscht). Es ist so, wie ich gefürchtet! —

Lord. Esther — höre mich —

Esther. Es bleibe denn, wie ich beschlossen! — O thörichter Wahn, zu glauben, daß mein Glück, der Friede uns'rer Zukunft Dir höher stünden als ein Recht, das eine Stunde unbedachter Schwäche Dir gegeben! Du beharrst! Wisse denn, daß auch ich beharre! Freiwillig oder gezwungen, wir scheiden, Henry — denn ich verlasse England mit Arthur! —

Lord. Mit Arthur?

Esther. Mit ihm — heute noch, wie Du gehört! —

Lord (bitter). Verblendet Weib — so weißt Du nicht, ahnst nicht, daß Arthur —

Esther (einfallend). Nicht von ihm — von uns sprich, Henry — was gedenkst Du zu thun? Ich stelle

Dir jeden Vorwand frei! Mag die Scheidung in der Stille geschehen — mag die Welt mich lästern und schmähen, was ist mir die Welt! Auch soll Dir verbleiben, um was Du Dich so heiß bemüht, denn ich entsage meinem Rang, meinem Reichthum und Besitz! —

Lord. Ich habe ihnen entsagt! — Ich bin so arm, als da ich vor Dich trat, um Dir ein Herz zu bieten, das Du so tief gekränkt, und dessen reine Neigung Du nie verstanden! —

Esther. Worte, Henry, Worte, ich glaube nicht daran! Warum ward Arthurs Brief vernichtet? Belogen und betrogen ward ich, und fiel das Opfer — ich bestehe darauf — das Opfer Deiner eigensüchtigen Berechnung! —

Lord (entmuthigt). Vergeb'nes Mühen — unnützes Hoffen — es ist zu spät, wir verstehen uns nicht mehr! — So mag denn geschehen, was muß — (nimmt aus dem Kästchen ein Pistol).

Esther (rasch). Was beginnst Du?

Lord. Arthur erwartet mich!

Esther (gegen ihn). Henry! —

Lord. Laß uns die trübe Stunde enden! Sieh' — ich wollte nicht glauben, was ich nun sehen muß! Ich hielt es für einen Traum, und hoffte auf das Erwachen! Es ist kein Traum, Esther, Du hassest mich! Und doch warst Du mir so theuer, bist es mir noch, und wirst es bleiben, so lange ich athme! Aber Du gehst Deinen Weg — o, möge nicht die Verzweiflung sein Ziel sein! — (zurück) Sei Gott über Dir, Esther, und verzeihe Dir — verzeihe Dir und mir! — (Wendet sich bewegt.)

Esther (düster). Es ist unser Schicksal! Auch ich hoffte — Du selbst hast diese Hoffnung zerstört! — Denn wenn ich auch Deinen Worten glauben wollte, diese Waffe straft Dich Lügen! — (heftig) Du willst Arthur tödten, willst ihn wie einst auch jetzt von mir entfernen — (tritt vor ihn) doch diesmal soll es Dir nicht gelingen! —

Lord. Unglückliche! Arthur verschmäht Dich! — Er ist verlobt mit Lucia — hier, in dieser Stunde — von ihm selbst hättest Du es erfahren können! —

Esther (zurücktaumelnd). Arthur — verlobt — mit Lucia! — Es ist nicht wahr! —
Lord. Es ist wahr!
Esther. Nein — nein, Du lügst! Verräther an seinem Herzen, wagst Du es, Verräther zu werden an seiner Ehre! Unseliger Mann — es war Dein letztes Mittel, Dein schlechtestes! — O, wie ich Dich hasse! — (faßt das Pistol) Gib mir die Waffe! —
Lord. Zurück! —
Esther. Die Waffe, sag' ich — (hat das Pistol ergriffen) so, und nun wage es, dies Zimmer zu verlassen! — Du erbleichst? — Sei unbesorgt! Ich will nur hindern, daß Du ihn tödtest, ihn, den ich liebe! Denn wenn Du es gethan — ich hätte ihn gerächt, an Dir, an mir — und ein Leben vollendet, das mir zur Qual geworden! — (Lord nähert sich ihr, Esther weicht zurück) Henry — fürchte für Dich selbst — ich warne Dich —
Lord (entreißt ihr das Pistol). Wahnsinnig Weib — ich für mich fürchten? — Ah, Du sollst sehen, was ein Mann vermag, der liebt! — (stürzt ab.)
Esther (will ihm nach, zusammensinkend). Henry — Henry! —

Der Vorhang fällt rasch.

Fünfter Aufzug.

Schloß Monford. Offener Saal mit Terrasse und Seitenthüren.

1. Auftritt.

Lord. Mister Hartwell. Dann Arthur.

Lord (mit Hartwell aus einer Seitenthüre vorn.) Sie kehren nach London zurück, Mister Hartwell. Doch rechne ich darauf, daß Sie die Entsagungs-Urkunde erst nach meiner Abreise von Monford der Lady überreichen. Leben Sie wohl! (Hartwell ab. Arthur ist eingetreten.)

Arthur (im Fond, für sich.) Der Notar? — (laut): Mylord —

Lord (erstaunt). Arthur —

Arthur (vor, befangen). Ich konnte noch kein Wort des Dankes, Mylord —

Lord (frei). Ich weiß. — Der Minister schrieb mir, daß er Ihnen mitgetheilt, was ich einst für Sie thun konnte. — Es war ein Glück, Arthur — das uns Beide vor einem schweren Frevel bewahrte! —

Arthur. Ich eilte nach dem Palais, wo ich Sie nicht mehr traf — und als ich wiederkehrte, waren Sie bereits mit der Lady hierher, nach Monford, aufgebrochen. Mylord — können Sie vergessen —

Lord. Es ist vergessen, Arthur. (Sieht die Lady, bewegt): Doch — lassen Sie — ich kann nicht bleiben. (Rasch ab.)

Arthur. Was ist? (wendet sich). Die Lady mit Lord Sternhill? — Lord Henry weicht ihr aus? — O, noch sind wir nicht am Ende! — (tritt zurück).

2. Auftritt.

Esther. Sternhill (aus dem Fond). Arthur (von den Eintretenden nicht bemerkt).

Sternhill (im Eintreten). Schade — wirklich Schade! — Ich hätte Lord Henry gerne gesprochen! — Sie wollen mich nicht einmal melden lassen?

Esther (bleich, dunkel gekleidet). Ich bedaure, Mylord. Wenn ich Ihnen sage, daß ich selbst — (hält inne.)

Sternhill. Sie selbst? Das ist schlimm, Mylady, sehr schlimm! Das wird die Geschichte nur noch glaubwürdiger machen! —

Esther (gleichgültig). Geschichte?

Sternhill. Sie wissen nicht, was man sich in London erzählt?

Esther. Mylord —

Sternhill. Das heißt, ich meine, was so im Allgemeinen als die Ursache Ihrer plötzlichen Abreise vermuthet wird? Denn daß man selbst von einem Duell auf dem Zimmer spricht — über das Taschentuch, und in Ihrer Gegenwart —

Esther. Was Sie natürlich bestätigten! —

Sternhill. Ich — Mylady — nicht im geringsten! Sie verkennen mich! —

Esther. O, daß ich entfliehen könnte aus dieser Welt der Lüge und der Erbärmlichkeit! —

Sternhill. Beruhigen Sie sich, Mylady. Was ist's auch weiter! Ein pikanter Zwischenfall — Gesprächsstoff für zwei Tage, dann ist's vergessen. — Ueberdies haben Sie Freunde —

Esther. Sie zum Beispiel!

Sternhill. Ich, Mylady. — Und zum Beweis — der junge Mann, Lord Henry's Neffe, Arthur —

Esther (rasch). Was ist's mit ihm?

Sternhill. Sehen Sie, wie Sie erschrecken! Ich sah ihn nach dem Schlosse gehen, da ich den Park herauffuhr. Wäre ich nun, wofür Sie mich halten, was könnte ich nicht vermuthen?

Esther (stolz). Sie wagen nicht! —

Sternhill. Keineswegs — auch bin ich besser unterrichtet! — Sie haben sich in dem Menschen getäuscht, Mylady. Ein ganz gewöhnlicher Bursche, der sich bereits mit einer Dirne des Ortes zu trösten sucht.

Arthur (aufmerksam). Einer Dirne?

Esther (wegwerfend). Was wissen Sie! —

Sternhill. Daß Sie betrogen wurden, Mylady! — Mister Lindsay unterhält schon seit einiger Zeit ein intimes Verhältniß mit der Tochter eines Ihrer Pächter — Lucia, glaub' ich, war der Name.

Arthur (tritt vor). Eine Dirne — Lucia — Sie sind ein Elender, Lord Sternhill! —

Esther (erschreckt). Arthur! —

Sternhill (zurückfahrend). Wa — wer — ah, Sie haben gehorcht! —

Arthur. Nur gehört, alberner Zungendrescher! Lucia eine Dirne? (tritt ihn an): Wäre nicht die Gegenwart der Lady —

Sternhill (flüchtet zu dieser). Ich muß bitten! —

Esther. Gehen Sie, Mylord!

Arthur. Und rasch, das rathe ich Ihnen! Sie möchten sonst Nachrichten mit nach London nehmen, die Sie gewiß nicht Lust hätten, weiter zu erzählen! —

Sternhill (an der Thür). Soll mich doch der Henker holen — (ab).

Arthur (vor). Du solltest mir die Dirne entgelten, bliebe ich hier! —

3. Auftritt.

Esther. Arthur.

Esther (verlegen). Ich danke Ihnen, Arthur! —
Arthur. Nein, keinen Dank, Mylady — o, nehmen Sie meine Bitte um Verzeihung! Gewiß, nicht rascher Wechsel der Empfindung — ich liebte Lucia, noch eh' ich nach London kam! —
Esther. Und warum sagten Sie mir nicht —
Arthur. Konnte ich's? durfte ich's? — Sie waren zu jedem Opfer für mich bereit — (Esther wendet sich weg) o, Mylady — Gott ist mein Zeuge, wie tief ich Sie verehre! —
Esther (schmerzlich, mehr für sich). Welche Demüthigung! — O, mein Gott! —
Arthur. Auch war ich entschlossen, meine Pflicht zu thun! — Mitten hinein gestellt in den Kampf, wollte ich ihn auskämpfen und die Folgen über mich nehmen. Doch der Himmel meinte es besser mit uns, wie wir selbst! Wir gingen in der Irre, Mylady — nur wenige Augenblicke noch, und es war zu spät! —
Esther. Wie konnte es nur so kommen! Ich wagte nicht zu forschen — o, erzählen Sie mir, Arthur —
Arthur. Sie wissen, daß ich zu dem Minister eilte, entschlossen, den Auftrag zurückzuweisen! Ich wußte ja, warum er mir gegeben wurde. Ich wollte Lord Henry anklagen, — da erzählte mir der Minister, wie seit dem ersten Tage meiner Flucht aus England Lord Henry seine schützende Hand über mich gehalten! — wie er es war, der mich einst gerettet, wie er — o, ich war bestürzt, beschämt! — Ich konnte den Mann nicht vor die Mündung meiner Pistole stellen, dem ich mein Leben, meine Freiheit, und alles, was ich bin, verdanke! —
Esther (für sich). Er — sein Wohlthäter!
Arthur. Und nun, Mylady — so fände sich kein Weg aus all' dieser Wirrniß? Die Hälfte meines Lebens wollt' ich geben, Sie glücklich zu sehen! —

Esther (wie oben). Er — sein Wohlthäter! — O, es mußte so kommen! Ich mußte meine Pflicht kennen lernen und das Gefühl des tiefen Weh's, das ich seinem treuen Herzen bereitet! —

Arthur. Vergessen Sie den schweren Traum, dessen Erinnerung mein Anblick nicht erneuern wird. Ich kehre morgen nach Indien zurück.

Esther. Morgen —

Arthur. Der Minister gewährt mir die Frist. Gott allein weiß, ob ich den Boden Englands je wieder betreten werde! —

Esther. Und Lucia?

Arthur (leidenschaftlich). Harrison verweigert sie mir! — Aber es soll ihm wenig nützen! — Mein Entschluß ist gefaßt — ich nehme sie mit mir!

Esther. Wieder Gewaltthat, wieder Zwang! Nein, Arthur — sie ist sein einzig Kind — verschmähen Sie den Segen eines Vaters nicht!

Arthur (wie oben). Ich kann nicht anders! Nicht zum zweiten Male soll mir das Glück durch die Finger gleiten! Ich balle die Faust — und will es halten, so wahr ich leben will! —

4. Auftritt.

Esther, Arthur, Harrison (der eintritt).

Arthur. Sir John? Fragen Sie ihn selbst, Mylady, und warnen Sie ihn! Ich habe sein Wort und werde ihn zwingen, es zu halten! —

Harrison. Ich komme, Mylady, Ihnen anzuzeigen — doch störe ich wohl, und will später —

Esther. Nein, Sir John, bleiben Sie! — Arthur —

Arthur. Sie sehen selbst, er hat kein Herz! Sein starrer Sinn ist nicht zu beugen — aber er soll erfahren, zu seinem Leid erfahren, daß ich kann, was ich will! —

Harrison (will fort). Mylady —

Esther (hält ihn zurück). Nein! — Arthur, wollen Sie Lucia hierher geleiten?

Arthur (erstaunt). Lucia? hierher?

Esther. Hierher — ich bitte!

Arthur. Und Sie? — (rasch): O, sogleich, ich eile, Mylady, ich eile! — (ab).

5. Auftritt.

Esther. Harrison.

Harrison. Was beginnen Sie? —

Esther. Wohl mir, daß ich sie glücklich machen kann! —

Harrison. Ich verstehe nicht, Mylady —

Esther. Ich will Arthur mit Lucia verbinden und Sie sollen diesen Bund segnen! —

Harrison. Mylady, Sie wissen nicht —

Esther. Ich weiß, er liebt Lucia.

Harrison. Er hat sie getäuscht, wie uns Alle!

Esther. Getäuscht — o nein, Sir John! Ich selbst, ich allein nährte den ungeheuern Irrthum, den ich nun so schwer büße! —

Harrison. Sie irren, Mylady. Es ist wahr, auch ich glaubte an die Aufrichtigkeit der Neigung Arthur's für mein Kind. Nun, ich werde bald vor jedem Rückfall gesichert sein.

Esther. Sie meinen —

Harrison. Lucia wird sich mit ihrem Vetter vermählen.

Esther. Nein, Sir John, nein! — Denken Sie an mich, o, spielen Sie nicht mit dem Glück Ihres Kindes!

Harrison. Ich begreife nicht —

Esther. Ich will ja meinen Irrthum sühnen, will nicht, daß auch sie, das arme Kind, durch mich unglücklich werde! —

Harrison. Mylady —

Esther. O, Sie ahnen nicht, Sir John! Indem wir sprechen, bereitet sich mein Schicksal! Nicht ich werde Henry — Henry wird mich verlassen!

Harrison (beiseit). Es ist, wie ich vermuthet! —

Esther (fortfahrend). O, was habe ich nicht in diesen Tagen erleben müssen! — Und doch, wie frei athmete mein Herz, da ich, von meiner Ohnmacht erholt, Henry gestern wieder vor mir sah! — Aber seine einzigen Worte waren die Bitte, ihm nach Menford zu folgen. Erschüttert legten wir den Weg zurück. Doch kaum hier angekommen, bot mir Henry gute Nacht — schloß sich in sein Zimmer — und ich habe ihn bis jetzt nicht wieder gesehen!

Harrison. Sie wissen also —

Esther. Er sandte Briefe nach London, ließ den Notar Mister Hartwell kommen — und ist jetzt, wie mir Simon vertraute, damit beschäftigt, seine Papiere zu ordnen und zu verpacken! O, Sir John, er wird mich verlassen — vielleicht, daß ich ihn nicht wiedersehe! —

Harrison. Was Sie befürchten, Mylady, ist Gewißheit. Ich sprach den Notar soeben.

Esther (erschreckt). Sir John —

Harrison. Ich kam, es Ihnen mitzutheilen. Mylord will noch heute England verlassen!

Esther. Henry — England verlassen — o, dann ist Alles verloren!

Harrison. Es war vorauszusehen —

Esther. Und doch, wenn ich ihn sprechen, ihm sagen könnte, wie tief ich gedemüthigt, wie schwer ich gebüßt! — Aber ich habe nicht den Muth, ihn aufzusuchen! —

Harrison. Lord Henry liebt Sie — vielleicht —

Esther. Er liebt mich nicht mehr, ich bin seiner unwürdig geworden!

Harrison. Ja — edel war der Lord — und schwer verkannt von je! — Da weiß Niemand besser als ich. —

Esther. Helfen Sie — retten Sie mich, Sir John! Ich kann den Gedanken nicht fassen, ihn jetzt zu verlieren! Lieber den Tod — ich wäre zu elend! —

6. Auftritt.

Vorige. Lord (tritt ein. Pause.)

Esther (gegen ihn). Henry —

Lord (ohne sie anzusehen, düster). Ich wollte nicht ohne Abschied, Esther —

Esther. Henry — o, verlaß mich nicht! —

Lord. Wir müssen scheiden, Esther — (lebhafter, schmerzlich) mache es mir nicht zu schwer — mein Herz zittert in meiner Brust — (gefaßter) wir müssen scheiden, Esther! — (tritt etwas zurück.)

Esther (hält an sich). Wir müssen — o, ich bin das ärmste Geschöpf dieser Erde! — (birgt ihr Antlitz.)

7. Auftritt.

Vorige. Arthur. Lucia (sind eingetreten). **Dann Jonathan.**

Lucia (gegen Esther). Mylady —

Harrison (überrascht). Wie — nun ja, da sind sie! —

Esther (bewegt). Theures Kind — an mein Herz! — Auch Du hast viel der Bedrängniß erduldet — sei Gott mit Dir — denn Du bist glücklich! —

Arthur. Mylord —

Lord. Sir John, ich bitte —

Harrison (kämpfend). Sie, Mylord? Aber Arthur muß nach Indien!

Lord. Er muß es nicht, ich sorge dafür. — Nur ich — ich —

Esther. Henry —

Harrison (von Lucia bedrängt). Laß — laß, mein Kind — hier gibt es Wichtigeres zu thun. — Mylord —

Lord (abgewendet). Leben Sie wohl, Sir —

Esther (gesteigert). Henry — Henry — was soll ich ohne Dich beginnen? — Ich bin ja wie ein Kind, das nach der Mutter ruft, auf daß sie es rette aus Angst und Noth! — Soviel stürmte auf mich ein — mein Gatte, Henry — o, gehe nicht von mir — (kniet) ich will ja mein Unrecht büßen! —

Lord (will sie hindern, ergriffen). Esther — nicht so — Du spaltest mir das Herz! —

Harrison (weich, respectvoll). Vertrauen Sie ihr, Mylord. — Sie wird, durch Sie erhoben, aufrecht gehen durch die Welt, und den Pfad ihrer Zukunft in ihrem eigenen Urtheil finden. — Mylord —

Lord (auf's tiefste bewegt). O, braucht es der Worte! — (beugt sich nieder, mit erstickter Stimme) Esther — mein Weib — (erhebt sie) mein theures Weib! —

Harrison (seine Rührung meisternd). So — so ist's recht! 's ist doch ein herzstärkender Anblick, zwei wack're Menschen, die dabei waren, sich zu verlieren, sich wieder finden zu sehen! — Aber nun — (zurück) Lucia — Arthur — o, ich will nicht zurückstehen, wo sich's um Edelmuth handelt! —

Arthur. Sir John —

Harrison (reicht ihm Lucia's Hand). Hier — zum zweitenmal — und sei es diesmal gut gethan! —

Arthur. Lucia — wie bin ich glücklich!

Esther. Und ich! —

Jonathan (von der Seite, vorn, gibt dem Lord zwei Briefe).

Lord. Hier — Arthur, Ihre Versetzung zum indischen General=Gouvernement in London, — und hier — (zu Esther) Urlaub — den wir nun zu einer Reise nach Italien benützen wollen. —

Esther. Guter — edler Mann! — O, sie sollen Zeuge werden, wie ich Dich ehre — wie ich Dich liebe! —

Lord. Meine Esther!

Der Vorhang fällt.

Schluß.